Die Weisheit der Rauhnächte

Das etwas andere Buch zur magischsten Zeit des Jahres

Mike Vogler

Impressum

Brandenburgisches Verlagshaus
Math. Lempertz GmbH
Hauptstr. 354
53639 Königswinter
Tel.: 02223 / 900036
Fax: 02223 / 900038
info@edition-lempertz.de
www.edition-lempertz.de

Druck: Alfred Nordmann
Printed and bound in Israel
ISBN: 978-3-96058-425-4

Text: Mike Vogler
Layout/Satz: Wolfgang Otten
Umschlaggestaltung: Kerstin Pfeiffer
Lektorat: Laura Liebeskind
Titelbild: © Adobe Stock: giedriius

Bildnachweis:
S. 13 © bpk; S. 24 © bpk / Gemäldegalerie, SMB / Jörg P. Anders
S. 28 Burkhard Waldis, Nikolaus Stör, Peter Flötner -
The British Museum
S. 4, S. 29 © Mike Vogler
S. 25 © Math. Lempertz GmbH
© Adobe Stock: S. 7 Grubärin; S. 17 badahos; S. 18 Kathrin;
S. 19 max5128; S. 34 und S. 42 Archivist;
S. 36 und S. 38 Erica Guilane-Nachez; S. 52 Jonathan Schöps;
S. 55 Sonja Birkelbach; S. 56 Serena Tayyan; S. 57 Saad WB;
S. 58 photocech; S. 63 wimage72; S. 70 Jan; S. 78 alexugalek;
S. 90 hellyf

Inhaltsverzeichnis

Mike Vogler

Mike Vogler wurde 1970 in Dresden geboren und lebt heute mit seiner Frau im Stadtteil Dresden-Klotzsche. Schon seit früher Jugend beschäftigt sich Mike Vogler mit historischen und grenzwissenschaftlichen Themen. Zu Beginn seiner schriftstellerischen Karriere waren der Heilige Gral sowie die Geschichte und Mythologie unserer germanischen Vorfahren seine bevorzugten Themen. Dazu sind mehrere Bücher erschienen.

In der Folgezeit beschäftigte sich der Autor mit der historischen Aufarbeitung von Mythen und Legenden, die in „Düstere Legenden" und „Legenden des Grauens" beschrieben wurden. Auch das legendäre Bernsteinzimmer und das Jonastal sind Themen seiner bereits erschienenen Bücher.

Besuchen Sie den Autor auf seiner Webseite mike-vogler.bplaced.de

Einleitung

Die alljährliche Weihnachtszeit und das sich anschließende Silvester sind für uns Menschen eine Zeit, auf die wir uns das ganze Jahr freuen. Dafür gibt es vielerlei Gründe. Endlich mehr Zeit für die Familie zu haben, zusammenzukommen, miteinander zu feiern oder einfach nur still beisammen zu sein, ist für viele Menschen das Wichtigste in dieser Zeit. Eltern sind glücklich, wenn sie in die strahlenden Augen ihrer Kinder schauen, wenn diese die sorgfältig verpackten Geschenke aufreißen. Die Großeltern freuen sich, die Enkel einmal etwas länger um sich zu haben, als bei den kurzen Besuchen an den Wochenenden. Manch einer sieht die Zeit am Ende des Jahres auch ganz praktisch, freut sich einfach, mal ein paar Tage von der stressigen Arbeit befreit zu sein.

Die Zeit am Ende des Jahres, auf die sich alle so freuen, hat jedoch auch leider ihre Schattenseiten. Da gibt es den jährlichen Geschenkestress. Jedes Jahr die gleichen Fragen: Über was würde sich mein Partner freuen? Was schenken wir den Kindern? Wie viel Geld soll ich ausgeben? Wer schlau ist, hört schon früher im Jahr genau hin, welche Wünsche die Familienmitglieder äußern und besorgt die Geschenke beizeiten. Wie so oft lässt aber der alltägliche Stress wenig Zeit dafür und so wird der Kauf der Geschenke erst kurz vor knapp erledigt. Das geht dann nicht selten nach hinten los. Lange Gesichter vorprogrammiert! Das ist zwar klischeehaft überspitzt, doch sollte man sich schon genau überlegen, mit was man seinen Liebsten eine Freude machen möchte. Dabei müssen es nicht die viel beschworenen selbstgemachten Präsente sein oder sündhaft teure Dinge. Wichtig ist, dass das Geschenk individuell ist und den Beschenkten glücklich macht.

Auch das perfekt geplante Familienessen artet nicht selten in Stress aus. Man möchte es natürlich jedem Gast recht machen, kauft viel zu viel ein und steht stundenlang in der Küche. Versuchen Sie es doch mit einem einfachen nahrhaften Mahl und Sie werden sehen, es wird allen schmecken. In meiner sächsischen Heimat wird beispielsweise am Weihnachtsabend traditionell selbstgemachter Kartoffelsalat mit Wiener Würstchen serviert.

In der Weihnachtszeit wird ganz besonders viel Wert auf Harmonie gelegt. Wie immer haben sich die Verwandten das Jahr über viel zu selten gesehen, nun soll das nachgeholt werden. Es ist jedoch nicht leicht, die verlorene Zeit in wenige Tage zu pressen. Mancher ist auch noch von seinem Alltagsleben gestresst und genervt, sodass er sich auf die Freuden und Nöte seiner Verwandten nicht einstellen kann. In vielen Familien gibt es auch seit Jahren schwelenden Streit, der sonst mühsam unter der Decke des Familienzusammenhalts versteckt wird und in der Zeit der weihnachtlichen Zusammenkünfte aufbricht. Das können seit der Kindheit bestehende Eifersüchteleien unter Geschwistern sein oder auch das berüchtigte Verhältnis zur unliebsamen Schwiegermutter.

Wie wir sehen, hat die Zeit zwischen den Jahren viel Schönes, aber auch Negatives zu bieten. Gerade um das Negative von uns fernzuhalten, sollten wir uns ein Beispiel an unseren Vorfahren nehmen. Auch sie waren das Jahr über mit dem alltäglichen Lebenskampf beschäftigt, hatten Lebenskrisen zu bewältigen und sahen sich oft vor fast unlösbare Probleme gestellt. Zum Ende eines Jahres nahmen sie sich jedoch die Zeit, innezuhalten, die Ereignisse des vergangenen Jahres zu betrachten und Pläne für das nächste Jahr zu schmieden. Diese Zeit nannten sie die Rauhnächte.

Rauhnächte – raue Nächte?

Rauhnächte – das Wort klingt schaurig, gleichzeitig aber auch geheimnisumwittert und verheißungsvoll. Zur Herkunft der Bezeichnung für die Zeit zwischen den Jahren gibt es verschiedene Deutungsversuche.

Warum heißen diese Tage Rauhnächte? Liegt es an der Jahreszeit, in der es meistens nass und kalt, eben rau ist? Das ist eine beliebte Ableitung, aber beileibe nicht die einzige. Manche Sprachforscher vermuten, dass sich „rauh", heute offiziell „rau" geschrieben, von dem mittelhochdeutschen Wort „rûch" herleitet, was so viel wie „haarig" bedeutet. Noch heute wird in der Kürschnerei die Bezeichnung „Rauhware" für Pelze verwendet. Ursprünglich bezog sich das „haarig" auf unheimliche dämonische Wesen, die angeblich in den Rauhnächten ihr Unwesen trieben. Unsere Vorfahren stellten sich diese Dämonen als düstere, pelzbedeckte Ungeheuer vor. In diesem Zusammenhang ist auch die Tradition der Perchten zu sehen, die sich bis heute im alpinen Raum in den so beliebten Perchtenläufen erhalten hat. Mehr dazu an späterer Stelle.

Die Perchten – haarige, rau(h)e, dämonische Wesen. Heute noch Tradition im alpinen Raum.

Eine weitere Deutung sieht im Wort rau eine Verbindung zum Wort Rauch. Dabei wird ebenfalls auf einen uralten Brauch verwiesen. In der Zeit zwischen den Jahren war es bei unseren Vorfahren Sitte, in ihren Behausungen mit verschiedensten Harzen und Kräutern zu räuchern. So wollte man die bösen Geister vertreiben, die in den Rauhnächten umgingen. Den Tieren im Stall wurden spezielle Kräuter über das Heu gestreut, um die Dämonen fernzuhalten. Der Brauch des Räucherns in den Rauhnächten hat sich bis heute erhalten. Allerdings werden damit keine bösen Geister mehr vertrieben, vielmehr dient das Verbrennen von aromatischen Kräutern eher dem seelischen und körperlichen Wohlbefinden.

Je nach Region haben die magischen zwölf Nächte am Ende jedes Jahres auch noch andere Bezeichnungen. So heißen sie auch Glöckelnächte, Innernächte oder Unternächte. Mancherorts sagt man auch nur „die Zwölf“ dazu. Egal wie man die Zeit zwischen den Jahren auch nennt, letztendlich wird die Herkunft dieser verschiedenen Bezeichnungen wohl ein Geheimnis der Geschichte bleiben.

Wann wird es rau?

Ab wann genau unsere Vorfahren die Rauhnächte begingen, liegt ebenfalls im Dunkeln der Geschichte verborgen. Vermutlich kann man hierbei keinen festen Zeitpunkt festlegen, denn die gegen Jahresende vollzogenen Bräuche und Riten haben sich mit Sicherheit über einen längeren Zeitraum entwickelt, bevor sie schließlich als Rauhnächte bezeichnet wurden.

Der Ursprung des Brauchtums liegt vermutlich in der unterschiedlichen Zeitrechnung zwischen Mondjahren und Sonnenjahren. Der Mondkalender, auch Lunarkalender genannt, ist älter als der Sonnenkalender und geht noch auf die alten Römer zurück. Für religiöse Zwecke wird der Mondkalender noch heute im islamischen Kulturkreis verwendet. Er orientiert sich am Verlauf der Mondphasen, wobei eine dieser Phasen durchschnittlich 29,5 Tage dauert und als ein Monat gerechnet wird. Ein Mondjahr umfasst also 354 Tage. Das Sonnenjahr des heute gebräuchlichen gregorianischen Kalenders hat bekanntlich 365 Tage. Diese Art der Zeitrechnung fußt auf dem julianischen Kalender, der bereits 45 v. Chr. von Julius Cäsar eingeführt wurde. Durch die Expansion des Römischen Reiches fand der julianische Kalender in weiten Teilen Europas Verbreitung, wobei sich eine zeitliche Diskrepanz von elf Tagen bzw. zwölf Nächten zum Mondkalender ergab. Diese Zeitspanne wurde zunächst umgangssprachlich als „zwischen den Jahren" bezeichnet und lag nach damaliger Rechnung zwischen dem 25. Dezember und dem 5. Januar. Das sich ausbreitende Christentum sah in diesen Tagen die zwölf Weihnachtstage, unsere Vorfahren machten daraus die Rauhnächte. Nach der gebräuchlichsten Rechnung beginnen die Rauhnächte um Mitternacht nach dem Heiligen Abend und enden mit dem Null-Uhr-Glockenschlag, der den 6. Januar einläutet. Es sind also genau zwölf Tage und Nächte, die eine ganz besondere Zeit im Jahr darstellen.
Einer anderen Rechnung zufolge beginnen die Rauhnächte bereits am 21. Dezember, dem Tag der Wintersonnenwende. Hierbei werden die weihnachtlichen Feiertage vom 24. bis zum 26. Dezember und Silvester abgezogen, wobei man dabei wieder auf die magischen 12 Tage kommt.

Traditionell gilt die Adventszeit als Vorbereitung auf Weihnachten und damit auch auf die Zeit der Rauhnächte. Speziell die Adventssonntage sollen zum Innehalten und zur Besinnung dienen. Die brennenden Kerzen des Adventskranzes symbolisieren im christlichen Kontext das Warten auf das „Licht der Welt", eine Bezeichnung für den Erlöser Jesus Christus. Eine vorchristliche Bedeutung sieht darin die Hoffnung auf den kommenden Frühling, wenn die harte Zeit des Winters endlich ein Ende hat. In diese Zeit fällt auch der Nikolaustag am 6. Dezember. Die christliche Kirche begeht an diesem Datum den Namenstag des heiligen Nikolaus. Dass sein Namenstag speziell im katholisch geprägten Raum, zum Beispiel in der Alpenregion, mit in die Rauhnächte einbezogen wird, ist ein anschauliches Beispiel dafür, wie sich in der Vergangenheit die Glaubensvorstellungen unserer Ahnen mit der sich ausbreitenden christlichen Religion vermischt haben.

Letztendlich ist weniger von Belang, von wann bis wann die Rauhnächte begangen werden. Vielmehr ist ihre Bedeutung als Zeit der Besinnung und der Ruhe von viel größerer Wichtigkeit.

Die ganz besonderen Nächte

6. Dezember – Nikolaus

Der Namenstag des heiligen Nikolaus gilt in katholisch geprägten Landstrichen als besonders wichtiger Tag in der weihnachtlichen Zeit und wird mitunter bereits zu den magischen Rauhnächten gezählt. Der Nikolaustag gilt bis heute als Tag der Belohnung und es ist daher durchaus berechtigt, ihn der magischsten Zeit des Jahres zuzurechnen.

Das Fest des heiligen Nikolaus geht auf den Bischof Nikolaus zurück, der im frühen 4. Jahrhundert in der Ortschaft Myra in der kleinasiatischen Region Lykien, in der heutigen Türkei, wirkte. Nikolaus stammte aus wohlhabendem Haus und war für seine besondere Freigiebigkeit berühmt. Er verteilte sein Vermögen bereitwillig unter den Armen und half, wo er konnte. So besagt eine bekannte Geschichte, dass ein verarmter Mann aus Myra verzweifelt versuchte, seine drei Töchter zu verheiraten. Da er aber die geforderte Mitgift nicht aufbringen konnte, fanden sich keine Ehemänner für sie. Nikolaus erfuhr von der Notlage des Mannes und warf drei Nächte lang je einen großen Goldklumpen durch das Fenster ins Zimmer der Mädchen. Der Vater beobachtete das nächtliche Tun und dankte Nikolaus überschwänglich, konnte er doch jetzt seine Töchter verheiraten. Diese Geschichte ist auch der Grund, warum Nikolaus heute oft mit drei goldenen Kugeln abgebildet wird.

Nach traditioneller Vorstellung geht der heilige Nikolaus bis heute in der Nacht vom 5. auf den 6. Dezember um und hinterlässt Belohnungen für die Menschen. Man muss nur seine frisch geputzten Stiefel vor die Tür stellen, dann füllt sie der Nikolaus mit süßen Leckereien. Doch Vorsicht, der Nikolaus wird von einem Helfer begleitet, der Knecht Ruprecht genannt wird. Dieser ist das genaue Gegenteil des mildtätigen Nikolaus. Zwar hilft er diesem, die guten Menschen zu belohnen, aber er kann auch anders. Unartige Kinder und faule Erwachsene bestraft der Knecht Ruprecht. Dazu benutzt er seine

Rute, mit der die Missetäter geschlagen werden. Einst soll Ruprecht ein Reiter der Wilden Jagd gewesen sein, die in den Rauhnächten über das Firmament ziehen soll und von der wir später mehr erfahren werden. Wie aus diesem Reiter der Knecht Ruprecht wurde, erzählt folgende Geschichte:

Die Geschichte vom Knecht Ruprecht

Einst, im tiefsten kalten Mittwinter, zog der Wilde Jäger mit seinem Gefolge durch die Lande. Da geschah es, dass eines der Pferde seine Hufeisen verlor. So blieb denn sein Reiter samt Pferd und Hund zurück. Und als er zu den übrigen aufschließen wollte, da ging er fehl und irrte suchend umher.

Nach langer vergeblicher Suche kam er endlich zu einer Hütte im Wald. Dort lebte eine arme Wittfrau mit ihren Kindern.

Der Reiter achtete den Hausfrieden nicht und polterte ungestüm mit seinem Hund zur Tür herein. Mutter und Kinder erschraken vor dem rauen alten Kerl mit dem wilden grauen Bart. Der Hund machte wüst bellend einen Satz auf die Kindlein zu, so dass er eines gar umwarf. Das kümmerte den Reiter nicht und er verlangte unwirsch Speis und Trank. Erschrocken gehorchte die Witwe und getraute sich nicht zu fragen, wie der Fremde wohl hieß und wohin er wollte. Eilig trug sie auf, was sie eben zubereitet hatte, denn sie wollte den Besucher nicht erzürnen. Gierig aß und trank er. Und weil ihn schläferte, lehnte er sich an die Wand und wollte auf der Bank ruhen.

Jedoch stand vor den Kindern auf dem Tisch ein ganz kleines Lichtlein, das hatte ihnen die Mutter hingestellt, und das leuchtete so, dass es den Reiter blendete. Selbst mit geschlossenen Lidern fuhr ihm das Glänzen des Lichts in die Augen. Nun war der Reiter die ganzen letzten Tage in grimmiger, stürmischer Dunkelheit gewesen, sodass seine Augen noch vom kleinsten, bescheidensten Lichtlein geblendet waren wie von der hellen Sonne. Drum herrschte er nun die Witwe an: „Lösche das Licht! Ich kann keinen Schlaf bei der Helligkeit finden!“

Doch obschon sie sich fürchtete, gehorchte sie nicht und sprach: „Auslöschen darf ich es nicht. Denn es ruft mit seinem Licht die himmlische Frau, auf dass sie den langen, dunklen Winter vorübergehen und das warme Licht des Frühlings wiederkehren lässt.“

Knecht Ruprecht.

Als nun so die himmlische Frau genannt worden war, da getraute der Reiter sich nicht mehr, etwas gegen das Lichtlein einzuwenden. Schließlich suchte auch sein Herr nach ihr. So murrte er nur leise und drehte sich um, um nun endlich einzuschlafen. Doch er konnte keinen Schlaf finden, sangen die Kindlein doch leise. Grimmig hieß er sie schweigen. Doch obschon ihre Angst vor ihm wuchs, unterband die Mutter das Singen nicht. Leise mahnte sie: „So hör doch, sie singen ein Lied zum Christfest. Wie könnte uns die Himmlische das Fest bringen, zeigten wir ihr nicht mit unserem Lied, dass wir auf sie warten?“

So ermahnt, wagte es der Reiter wiederum nicht, auf seinem Wunsch zu bestehen. Doch dann trat die Mutter zur Tür und öffnete sie einen Spaltbreit, und Schneeflocken und ein eisiger Windhauch wehten herein. Da wurde der Knecht zornig und rief: „Was lässt du die Kälte herein? Wie soll ich da Schlaf finden?“

Leise antwortete sie: „Wie sollte die Himmlische sonst das Licht sehen und das Lied hören? Am Ende ginge sie noch vorüber, ließe ich die Tür geschlossen.“

Nun kam der Knecht ins Grübeln. Sein Herr suchte schon so lange nach der himmlischen Frau. Und er warf einen Blick nach draußen und hoffte, sie dort vielleicht wahrhaftig zu sehen. Doch er sah nur die Witwe an der Tür stehen, und wie sie so nach draußen schaute, da lag so viel Hoffnung in ihrem Gesicht.

Und da schämte er sich für sein grimmiges Betragen und wollte es wiedergutmachen. Sofort trat er zu dem Kindlein, das sein Hund umgestoßen hatte und das davon noch blutete. Mit der Hand fuhr er behutsam über die Wunde, und sie heilte sofort. Da fürchteten sich die Kinder nicht mehr vor ihm. Ein Kind getraute sich sogar zu fragen, ob er ihm etwas von seinem Brot abgeben mochte, so hungrig war es. Sofort teilte der Knecht das Brot, das ihm die Mutter gegeben hatte, bewirkte noch mit einem Spruch, dass es süß wurde wie Kuchen, und reichte es den hungrigen Kindlein. Die hatten ihr Lied nun fertig gesungen und begannen, dem Reiter so manches zu erzählen. Ein Mädchen klagte über sein Pferdchen, das Schwanz und Kopf verloren hatte. Da lächelte der Alte gütig und sprach: „Nun, das will ich dir wohl richten!" Und im Nu war das Pferdchen wieder ganz.

Und nun dachte der Knecht daran, wie sein Herr doch auch in der Christnacht den Menschen Geschenke brachte und Gutes tat. Er sah zu der Witwe, die ihn dankbar und mit glänzenden Augen beobachtete.

„Solch ein Ausdruck von Glück kommt gewiss vom Wirken der himmlischen Frau", dachte er und wollte den Kindern noch mehr Gutes tun. Einem machte er ein Hündlein, das konnte bellen und laufen. Da waren die Kinder überglücklich, klatschten in die Hände und wünschten sich noch mehr zum Spielen. Nun hatte der Reiter zu tun: Immer mehr Gaben schufen seine eifrigen Hände, Wagen und Reiter, Bälle und Puppen und noch vieles mehr. Die Kinder jauchzten, und je mehr sie und die Mutter sich freuten, umso flinker gingen dem Knecht die Gaben von der Hand. Aus einem Apfel wurden gleich viele. Und aus zwei Nüssen wurde ein ganzer Sack voll Nüsse – nicht umsonst war der Reiter ein Knecht des Wilden Jägers und wie dieser verstand er sich doch auf manche wunderbare Kunstfertigkeit.

Und wie er so beschäftigt war, da hörte man auf einmal draußen den Sturm aufs Neue aufbrausen. Die Witwe wollte voller Angst rasch die Türe schließen, doch da warf schon ein Windstoß sie auf.

Da trat der Wilde Jäger herein, und mit ihm sein Gefolge aus edlen Herren und aus wilden Knechten. Wie lachten sie den alten Mann aus, wie sie ihn da zwischen den Kindern und dem Spielzeug sitzen sahen! Der Wilde Jäger musterte ihn grimmig. „Was machst du hier?", fuhr er seinen Knecht an. Dem war nicht wohl in seiner Haut.

„Herr", brachte er hervor, „die Kinder sangen für die himmlische Frau, auf dass sie kommen möge. Da dachte ich, dass solches Singen, das ja zu unser aller Wohl ist, doch belohnt werden sollte."

Und auch die Witwe schloss sich an, lobte das gute Werk des Knechts und bat den Wilden Jäger um Nachsicht für ihn. Der schaute sie schweigend und sinnend lange an. Dann nickte er, seufzte und befahl seinem Knecht, noch zu bleiben. „Und sag auch in den anderen Häusern, dass die Kinder singen sollen, auf dass die Himmlische so den Weg zu uns finde."
Das freute den Knecht, und er gehorchte sogleich seinem Herrn. Bis heute noch geht der gute Ruprecht umher und verteilt Gaben an die Menschen, die zum Christfest singen und die Güte im Herzen haben. Doch wehe denen, die mürrisch und stolz, faul und eitel sind! Die straft er mit der Rute und bringt ihnen Ungemach. Denn er ist und bleibt ein grimmiger Knecht.[1]

21. Dezember – Wintersonnenwende

Obwohl dieser Tag noch nicht zu den eigentlichen Rauhnächten gehört, leitet er doch traditionell diese ganz besondere Zeit im Jahr ein. Der 21. Dezember ist der kürzeste Tag im Jahr, an dem in vorchristlichen Religionen die Wintersonnenwende gefeiert wurde. Dabei spielte Feuer- und Lichtsymbolik eine große Rolle, man traf sich auf freien, großen Plätzen, entzündete Feuer und brachte den Göttern Opfer dar. Die Menschen aßen und tranken gemeinsam, feierten ausgelassen und schmiedeten Pläne für die Rauhnächte.
Durch die gezielte Überlagerung vorchristlicher Bräuche mit christlichen Feiertagen wurde im Zuge der Christianisierung aus dem Tag der Wintersonnenwende der Thomastag. An diesem Tag gedenken die Christen des Apostels Thomas, einem der zwölf Jünger von Jesus.

In der Zeit des Nationalsozialismus spielten Sonnenwendfeiern im Rahmen einer unglücklichen Verquickung von vereinnahmter Mythologie mit politischen Dogmen eine wichtige Rolle. Es waren speziell die in der Hitlerjugend organisierten Jugendlichen, die den Brauch der Sonnenwendfeiern zelebrierten. Auch in der SS war das Brauchtum stark verankert, wobei besonders der Reichsführer-SS Heinrich Himmler Wert auf solche Feierlichkeiten legte. Für ihn waren die Sonnenwendfeiern ein politischer Religionsersatz.

Der 21. Dezember ist der kürzeste Tag des Jahres und gleichzeitig die längste Nacht. Danach werden die Tage wieder länger. Daher wurde die Wintersonnenwende auch als „Fest des Lichtes“ gefeiert. Wie wichtig für uns bis heute die Rückkehr des Lichts und damit die Hoffnung auf den Frühling ist, zeigt folgendes schöne Gedicht des Lyrikers Christian Morgenstern:

Ein Weihnachtslied

Wintersonnenwende!
Nacht ist nun zu Ende!
Schenkest, göttliches Gestirn,
neu dein Herz an Tal und Firn!

O der teuren Brände!
Hebet hoch die Hände!
Lasset uns die Gute loben!
Liebe, Liebe, Dir da droben!

Wintersonnenwende!
Nacht hat nun ein Ende!
Tag hebt an, goldgoldner Tag,
Blühn und Glühn und Lerchenschlag!

O du Schlummers Wende!
O du Kummers Ende![2]

24. Dezember – Heilige Nacht/Julfest

Als eine der wichtigsten Nächte zwischen den Jahren gilt die Heilige Nacht vom 24. auf den 25. Dezember. Für Christen ist die Nacht heilig, da in ihr der Erlöser Jesus Christus geboren worden sein soll. Ob für unsere Vorfahren diese Nacht eine ganz spezielle Bedeutung hatte, ist nicht ganz klar. Aus den nördlichen Gegenden Europas gibt es Überlieferungen von Julfesten, die regionalbedingt zwischen der Wintersonnenwende und Anfang Februar

gefeiert wurden. Bei diesen Feiern wurde traditionell das kommende Jahr begrüßt und das kommende Ende des Winters gefeiert. Im alten Rom feierte man an diesem Datum wahrscheinlich das Fest des Sonnengottes Sol Invictus. Da man Jesus als das „Licht der Welt“ bezeichnet, passte es daher, das Fest seiner Geburt so zu legen, dass es mit älteren Festen zur Feier des Lichtes im Einklang war.
In der Zeit des Nationalsozialismus wurde dem Julfest eine überhöhte Bedeutung beigemessen. Da man der Tradition der christlichen Kirche ablehnend gegenüberstand, wurde das Julfest als Gegenentwurf zum christlichen Weihnachten eingeführt. Vermeintlich altgermanische Bräuche, für die es allerdings keine wirklich überlieferten Nachweise gab, wurden zelebriert. So verschenkte Heinrich Himmler zum Beispiel die sogenannten Julleuchter an verdienstvolle Mitglieder der SS.

Im Neuheidentum wird das Julfest bis heute als Alternative zum christlichen Weihnachten gefeiert. Hierbei steht der Begriff Neuheidentum für verschiedene Gruppierungen, Familienverbände, aber auch Einzelpersonen, die uralte germanische und keltische Bräuche bewahren und pflegen. Die auch als Neopaganismus bezeichnete Ersatzreligion hatte ihre Anfänge bereits im 18. Jahr-

Der Thorshammer als Symbol des Neuheidentums.

Der Julbock wird heute als Deko zu Weihnachten aufgehängt. Früher brachte der Julbock die Geschenke, bis dieser vom Weihnachtsmann ersetzt wurde.

hundert und zählt heute weltweit Millionen von Anhängern. Traditionell gibt es besonders in Skandinavien und auf den Britischen Inseln viele Anhänger dieser Bewegung. Sie vereint besondere Hinwendung zur Natur, speziell in Verehrung alter Naturgötter, Ablehnung einer dogmatischen Glaubensform mit verstärkter Hinwendung zu religiösem Individualismus und einer besonders naturnahen Lebensweise. Dem weiblichen Prinzip wird besondere Bedeutung beigemessen.

Das Neuheidentum trieb auch schon verheerende Blüten, brachte Männer wie Guido von List und Jörg Lanz von Liebenfels hervor. Die Begründer der Ariosophie, einer gnostisch-dualistischen Religionslehre mit rassistischer Grundlage, ließen sich bei der Entwicklung ihres Weltbildes von neuheidnischem Gedankengut inspirieren. Die Ariosophie trug später zur ideologischen Entwicklung von Adolf

Hitler bei, der die Welt im 20. Jahrhundert in den verheerenden Zweiten Weltkrieg stürzte. Auch in jüngerer Vergangenheit wurde die friedliebende Naturreligion des Neuheidentums für ideologische Zwecke geistiger wie aktiver Brandstifter ausgenutzt. Bestes Beispiel ist der norwegische Musiker und Schriftsteller Varg Vikernes. Neben anderen kriminellen Vergehen, wie der Verbreitung von rechtsradikalem Gedankengut und sogar Mord, war Vikernes auch für das Anzünden mehrerer Kirchen in Norwegen verantwortlich. Diese Brandstiftung verübte er im Namen des Neuheidentums, dessen Mitglieder jedoch solch eine Art von Gewalt grundsätzlich ablehnen. Der Missbrauch neuheidnischen Gedankengutes von Menschen wie Vikernes, Hitler, Liebenfels und List ist der Grund, warum Anhänger dieser Ersatzreligion heute unverschuldet immer wieder in die sogenannte „rechte Ecke" geschoben werden.

Das Julfest gilt im Neuheidentum als einer der drei wichtigsten Feiertage und wird mit regionalen Abweichungen meistens am Tag der Wintersonnenwende begangen. Gemäß der Glaubensvorstellungen der Neuheiden wird das Wiedererstarken der Sonne und das Länger-

Die Natur ist im Neuheidentum heilig, und jede Jahreszeit wird mit einem Fest begonnen.

werden der Tage gefeiert, da dieser Wechsel seit Menschengedenken überlebenswichtig ist, vor allem für die Saat und die Ernte. Das Haus wird mit Räucherzeremonien gereinigt und anschließend mit immergrünen Zweigen geschmückt. Wichtige Traditionen sind auch das Basteln und Aufstellen eines Julbockes, einer Ziegenbockfigur aus Stroh, und das beliebte Jultrinken, wobei Unmengen von alkoholischen Getränken konsumiert und dabei Trinksprüche auf die Ahnen ausgerufen werden. Auch der Brauch, mit Stroh bespannte Holzräder, Sonnenräder genannt, anzuzünden und unter lauten Freudenrufen Berghänge hinabrollen zu lassen, erfreut sich bis heute großer Beliebtheit in der Nacht der Wintersonnenwende.

Wenn auch die Heilige Nacht schon für unsere Vorfahren ein Grund zur Freude war, gab es schon immer bösartige Zeitgenossen, die in dieser Nacht die gerechte Strafe für ihre schändlichen Taten bekamen. Heute kennen wir Knecht Ruprecht, der die unartigen Kinder bestraft. Früher bekamen erwachsene Missetäter nach dem Volksglauben ihre Strafe vom Teufel höchstpersönlich, so wie der Bauer in der folgenden Geschichte:

Die Geschichte vom Bauern, den der Teufel in der Christnacht holte

Vor langer Zeit hatte in Unteralbach an der Tauber ein Bauer seinen Hof. In seinen Diensten stand ein Knecht, der hieß Klemens. Der Knecht war redlich und allseits beliebt. Doch der Bauer war hinterlistig und gerissen. Er sann immer auf neue Wege, seine Nachbarn um ihren Besitz zu bringen.

So kam denn einmal das Christfest heran, und am Morgen des Christabends ging Klemens zu seinem Herrn.

„Gib mir zwei Tage frei, sodass ich meine Familie besuchen kann", bat er.

„Das schlag dir aus dem Kopf!", herrschte ihn der Bauer an. „Du sollst heute wie jeden Abend das Vieh versorgen."

Der Knecht runzelte die Stirn. „Selbst heute, in der Christnacht, willst du mich nicht fortlassen? So bist du die längste Zeit mein Herr gewesen, denn ich verlasse deinen Dienst."

Der Knecht ging fort und wollte seine Sachen holen. In jähem Zorn warf der Bauer da einen Krug nach ihm. „Da soll dich doch noch in dieser Christnacht der Teufel holen!"
Doch der gute Knecht trat schnell beiseite, so dass ihn der Krug verfehlte, und verließ den Hof.
Als es nun Mitternacht geschlagen hatte, da pirschte der Bauer verstohlen über sein dick verschneites Feld, bis er am Ufer der Tauber angelangt war. Dort stieß sein Land auf das seines Nachbarn. Und der verschlagene Bauer machte sich daran, den schweren Grenzstein zu verschieben, um so mehr Land zu gewinnen. Mit Müh und Not schaffte er es, den Grenzstein zu bewegen. Doch dabei glitt er aus, trat fehl und stürzte. Der schwere Stein fiel auf ihn und riss den Bauern mit sich in den Fluss. Zu dieser Zeit waren die Fluten der Tauber wegen der Schneeschmelze wild und reißend, und der Bauer wurde sofort hinabgezogen. Nie mehr bekam ihn ein menschliches Wesen zu Gesicht.
So war für ihn selbst eingetreten, womit der böse Bauer den Knecht verflucht hatte: Ihn hatte der Teufel in der Christnacht geholt. Da hatte er denn sein verdientes Ende gefunden.[3]

31. Dezember – Silvester

Das Jahresendfest, wie wir es heute kennen, hat seinen Ursprung im Römischen Reich. Als im Jahr 153 v. Chr. der Jahresbeginn vom 1. März auf den 1. Januar verlegt wurde, begannen die römischen Bürger, das scheidende Jahr am 31. Dezember mit prunkvollen Festlichkeiten zu feiern. Später wurden diese Feierlichkeiten Silvester genannt. Namensgeber war der hochverehrte Papst Silvester I., der am 31. Dezember 335 n. Chr. starb.

Doch auch von unseren germanischen Vorfahren sind Feierlichkeiten zum Ende des Jahres bekannt. So gibt es Überlieferungen von Feuerfesten, die kurze Zeit nach der Wintersonnenwende gefeiert wurden und wohl den Ursprung dessen bilden, was wir heute Silvester nennen. Bei diesen Festen wurden riesige Feuer entzündet, mit denen man die Wintergeister vertreiben wollte und die Götter um ein baldiges Frühjahr bat. Das heute so beliebte Feuerwerk an Silvester ist

Nachhall dieses uralten Brauches. Auch die Praxis, bei den Feuerfesten Verwandte und Freunde zu Speis und Trank einzuladen, hat sich bis heute bewahrt. Traditionell wird Silvester in Gesellschaft gefeiert. Ein beliebter Brauch war es auch, dass die Familienmitglieder zum Jahreswechsel einen gemeinsamen Trunk aus einem Gefäß nahmen. Laut Volksglauben sollte dies Unglück von der Familie fernhalten. Heute stoßen wir Punkt Zwölf auf das neue Jahr an, was in etwa die gleiche Bedeutung hat. Unsere Vorfahren stimmten sich mit diesem schönen Brauch auf die Herausforderungen des neuen Jahres ein, wir wünschen uns heute ein gesundes neues Jahr. Gesundheit ist in unseren größtenteils materiell gesicherten Verhältnissen das wohl wichtigste Gut.
Dass es tatsächlich nicht gut ist, an Silvester allein zu sein, erzählt folgende schöne Geschichte:

Die Geschichte vom Haus der Meerfrau

Einst gab es einen See, der war tief und tückisch, und schon viele waren in seinem Wasser umgekommen. Da war denn einmal ein Mann in der Neujahrsnacht auf dem Heimweg. Und bei der Dunkelheit verirrte er sich, obschon er eine Kerze bei sich trug. Die Kerze war mit Weihwasser gesegnet worden. Bald kam dichter Nebel um ihn auf, und er sah den Weg vor seinen Augen nicht mehr. Plötzlich gelangte er an ein Haus. Er trat ein und staunte, denn es war prächtig und groß. In der großen Halle sah er, dass an den Wänden viele Krüge aufgestellt worden waren.

Da tönte es auf einmal aus dem einen Krug: „Nimm dich in Acht! Ich bin es, dein Pate und Großvater. Du bist nicht in einem Haus, wie du's wohl meinst, sondern auf dem Grund des Sees, im Haus der Meerfrau. Sie hat mich und viele andere Unglückliche in die Fluten gezogen. Nun verwahrt sie meine Seele in diesem Seelenkrug. Nur da du die gesegnete Kerze trägst, bist du nicht ums Leben gekommen. Der Nebel, durch den du gekommen bist, war das Wasser des Sees. Eile dich und flieh, bevor die Meerfrau zurückkommt und dir dasselbe Schicksal wie mir widerfährt."

Da öffnete der Mann rasch den Krug, so dass die Seele seines Großvaters herausschlüpfen konnte und machte sich auf den Weg hinaus aus dem See. Und alldieweil schwebte die Seele vor ihm her wie ein kleines Licht. Immer weiter einen Abhang hinauf führte der Weg. Dann endlich schwand der Nebel und der Mann sah, dass er endlich am Ufer des Sees stand. Über ihm leuchteten die Sterne.
So fand denn die Seele seines Großvaters endlich Ruhe. Und wie der Mann beim Licht des Tages sein Schuhwerk besah, so erkannte er, dass es voller Schlamm war, wie man ihn am Grunde eines Sees findet, gleichwohl doch überall der Boden hart gefroren und mit Frost bedeckt war.[4]

Dreikönigsnacht – 5./6. Januar

Die Dreikönigsnacht ist von großer Bedeutung, leitet sie doch das Ende der magischsten Zeit des Jahres ein. Ihren Namen bezieht diese Nacht aus dem christlichen Kontext. Der 6. Januar ist heute in einigen deutschen Bundesländern ein Feiertag und wird „Heilige Drei Könige" genannt. Das bezieht sich auf die drei Könige aus dem Morgenland, die zur Geburt von Jesus erschienen. In der frühen Zeit des Christentums wurde an diesem Tag das Epiphaniasfest gefeiert, die „Erscheinung des Herrn", wobei die Bedeutung des Festes je nach Lehre und Region variierte. Dieses Datum war für die frühen Christen von enormer Wichtigkeit, da gleich drei bedeutende Ereignisse, Jesus betreffend, zeitlich am 6. Januar verortet sind: die Ankunft der Heiligen Drei Könige in Jerusalem, die Taufe Jesu durch Johannes den Täufer sowie Jesus' erstes Wunder, die Umwandlung von Wasser in Wein auf einer Hochzeit in Kana. Epiphanias war von Anfang an eng mit dem Symbol des Lichtes verbunden, das als göttliche Führung durch den Stern von Bethlehem in die Welt scheint und Jesu Wirken und Verkündigung symbolisiert.

In einem anderen Kontext ist die Dreikönigsnacht schon immer mit den Geschichten um Frau Holle verbunden. Heute ist Frau Holle in erster Linie aus dem gleichnamigen Märchen bekannt, das zu den von den Gebrüdern Grimm gesammelten Volksmärchen gehört. Die Gestalt der Frau Holle geht auf die germanische Naturgöttin Holda

Die heiligen drei Könige.

zurück. Holda gehörte zur Wilden Jagd, die in den Rauhnächten übers Firmament zog. Dabei lebte Holda ihre dunkle Seite aus, bestrafte Menschen, die im vergangenen Jahr faul oder bösartig gewesen waren. Über Holda, die mit der Christianisierung verunglimpft und negativ konnotiert wurde, wird der Leser später noch mehr Wissenswertes erfahren. Die folgende Geschichte spiegelt tatsächlich die dunkle Seite der Frau Holle wider, ganz im Gegensatz zur liebenswerten Frau Holle im Märchen der Gebrüder Grimm.

Die Geschichte von Frau Holles Apfelbäumen

Einst hatte Frau Holle einen wundervollen Garten voller prächtiger Apfelbäume. Doch in einem Jahr wollten sie plötzlich nicht mehr blühen und gedeihen. Da erinnerte sich Frau Holle, dass unter den Menschen eine alte Frau lebte. Die hatte auch einen Apfelgarten, und jedes Jahr waren die Blüten an ihren Apfelbäumen die prächtigsten und schönsten und ihre Äpfel die süßesten und größten. Da wollte Frau Holle, dass diese alte Frau sich von nun an um ihre Apfelbäume kümmerte. So befahl sie dem Junker Tod, ihrem Geliebten: „Steig auf dein Pferd und reite hinab zu den Menschen. Ich will, dass du mir die alte Frau holst. Von nun an soll sie hier leben."

Eine Abbildung der Geschichte der Frau Holle nach den Gebrüdern Grimm.

Der Tod gehorchte. Und als er beim Haus der alten Frau angelangt war, klopfte er an ihre Tür. Die Alte erschrak über den Besucher. Er sagte: „Folge mir. Du hast lange genug unter den Menschen gelebt. Nun will meine Herrin, die Frau Holle, dass du die Apfelbäume ihres Gartens hegst und pflegst."
Doch die alte Frau wollte weiter unter den Menschen leben. So sagte sie denn: „So erfülle mir einen letzten

Wunsch: Spiele Karten mit mir, denn das hat mich immer erfreut. Wenn du das Spiel gewinnst, folge ich dir zu Frau Holle, wenn ich gewinne, bleibe ich hier auf der Erde.“

Der Tod stimmte zu, meinte er doch, dass es ihm ein Leichtes sein würde, diese alte Frau zu besiegen. Doch ahnte er nicht, dass die Alte sich lange im Kartenspiel geübt hatte, zogen doch immer die Landsknechte auf der Straße an ihrem Haus vorbei. Oft hatte sie diese beherbergt, mit ihnen gespielt und dabei so manche List erlernt. Eifrig mischte sie die Karten und sie begannen das erste Spiel. Die alte Frau gewann mit Leichtigkeit. Das versetzte den Tod in Erstaunen. „Spielen wir noch einmal“, sagte er. Doch obwohl er diesmal die Karten mischte, konnte er wiederum die Alte nicht besiegen. Das erzürnte den Tod und er sprach: „So spielen wir ein drittes Mal!“

„Das ist mir recht“, stimmte die Alte zu, „doch gewinne ich auch diesmal, so gibt es kein weiteres Spiel. Nur drei Spiele hintereinander, so will es der Brauch!“

So spielten sie denn ein drittes Mal. Und wiederum gewann die alte Frau. Da sagte sie zum Tod: „So magst du denn allein zur Frau Holle zurückkehren. Ich will hier bei den Menschen bleiben und mich an meinem eigenen Garten und meinen eigenen Apfelbäumen erfreuen.“

Da musste der Tod also unverrichteter Dinge zurück zu seiner Liebsten reiten. Da wurde sie zornig und rief: „So gering achtest du meine Wünsche! Wohlan, so magst du denn auch nicht mehr mein Bett mit mir teilen, bis du mir die alte Frau doch noch hierhergebracht hast!“

Doch es ergab sich, dass die zwölf Rauhnächte bevorstanden und in diesen Nächten, das wusste der Tod, durfte niemandem der Eintritt ins Haus verweigert werden. So sann er auf eine List und ritt wieder zur Erde hinab. Dort klopfte er wieder an die Tür der alten Frau. Als sie öffnete, war sie sehr verärgert, hatte sie doch gedacht, den Tod losgeworden zu sein. Doch sie konnte es nicht ändern, schließlich war es die Zeit der Rauhnächte, da musste sie dem Gebot folgen und jeden einlassen.

So sprach denn der Junker Tod zu ihr: „In den Rauhnächten mag jeder einen Wunsch äußern. Ich wünsche mir, dass du mit mir zum Tor von Frau Holles Garten reitest. Nur bis zum Tor sollst du mir folgen, und dann einmal hineinsehen. Mehr verlange ich nicht von

dir. Und ich sage dir, dass ich dich dann wieder zurück zur Erde bringen werde, falls du das wünschst."
Die alte Frau nickte. „Das darf ich dir nicht verweigern. Doch schwöre es mir, dass du mich zurückbringen wirst. Vergiss nicht, dass ein Schwur in den zwölf Rauhnächten das Zwölffache gilt!"
So gelobte der Junker Tod noch einmal, dass er die Alte zurückbringen würde, sollte dies denn ihr Wunsch sein. Dann ritten sie zusammen hinauf zu Frau Holles Garten. Der Tod hieß die alte Frau absteigen und führte sie zum Tor. „Schau hinein!", forderte er sie auf. Und sie schaute. Im Garten erblickte sie Frau Holle, schön wie der Tag, und mit einer Sternenkrone auf ihrem goldenen Haar. Und um sie waren viele beinahe ebenso schöne junge Frauen. Die Apfelbäume dauerten die alte Frau, denn sie waren welk und traurig.
Der Junker Tod sprach: „So sage mir denn, wie dir meine Herrin und ihr Garten gefallen!"
Die alte Frau zögerte. Dann sprach sie: „Ach, sie gefallen mir wohl. Doch wie sollte ich in das Gefolge deiner Herrin passen? Sie ist doch umringt von schönen Jungfrauen, und ich bin alt und hässlich."
Der Junker Tod sprach: „So sollst du wissen, dass du wieder ebenso jung und schön werden wirst wie diese Jungfrauen, wenn meine Herrin dich mit ihrer Hand berührt."
„Was!", rief da die alte Frau zornig. „Das verschweigst du mir und lässt mich eher noch mit dir Karten spielen? Wenn das so ist, dann will ich gleich hierbleiben!" Und sie stieß das Gartentor auf und sprang hindurch. Da trat Frau Holle lächelnd zu ihr und berührte sie mit ihrer weißen Hand. Und sogleich war die alte Frau wieder jung und schön. Nun begann sie sofort, die verkümmerten Apfelbäume zu hegen und zu pflegen. Und seit dieser Zeit sind die Apfelbäume in Frau Holles Garten wieder die prächtigsten, die es gibt.[5]

Der alte Glauben

Tuisto – der Vater der Germanen.

Die Rauhnächte waren ein wichtiger Bestandteil des Lebens und der Religion unserer Vorfahren. Die Magie dieser heiligen Nächte lässt sich nur wirklich verstehen, wenn man sie im direkten Zusammenhang mit den mythologischen Vorstellungen jener Zeit sieht. Daher ist es unerlässlich, tiefer in diese Thematik einzutauchen.

Die religiöse Glaubenswelt unserer germanischen Vorfahren war untrennbar mit einer tiefen Verehrung der Natur verbunden. In dieser Hinsicht kann für ihren Glauben durchaus das Wort Naturreligion verwendet werden, da die Germanen ein sehr erdverbundenes Volk waren. Unsere Vorfahren brauchten zur Ausübung ihrer Religion keine pompösen Prunkbauten wie die heute vorherrschenden Weltreligionen. Waldhaine, Bäume, Seen, Quellen oder auch Felsformationen dienten als Ort zur Verrichtung ihrer religiösen Bräuche. In ihrer Glaubensvorstellung waren es göttliche und mystische Wesen, die die Geschicke der Naturgewalten lenkten. Für die Germanen waren das tägliche Leben und die Götterverehrung untrennbar miteinander verbunden. Alles, was sich ereignete, wurde als Wille der Götter betrachtet. Der Ursprung der germanischen Naturverbundenheit ist sicherlich in der Verehrung der „Mutter Erde" als lebensspendende

Der von Tacitus beschriebene geheime See ist der auf der Halbinsel Jasmund liegende Herthasee.

Urgewalt zu suchen. Jene Verehrung fand ihren Ausdruck im Kult um die Erdgöttin Nerthus, über die der römische Historiker Tacitus folgendes schrieb:

„... dass sie gemeinsam die Nerthus, das ist die Mutter Erde, verehrten und glaubten, sie greife in die Verhältnisse der Menschen ein und fahre bei den Völkern umher. Auf einer Insel des Ozeans befindet sich ein heiliger Hain, und in diesem ein geweihtes Fuhrwerk, mit einer Decke umhüllt. Es zu berühren ist allein dem Priester verstattet. Dieser ahnt die Anwesenheit der Göttin im Heiligtume und begleitet sie, wenn sie mit Kühen dahinfährt, in tiefer Ehrfurcht. Das sind dann Freudentage, und an jedem Orte Feste, den sie ihres Besuches und gastlichen Verweilens würdigt. Dann ziehen sie nicht in den Krieg und greifen nicht zu den Waffen; verschlossen ist jedes Eisen; dann kennt, dann liebt man nur Frieden und Ruhe, bis derselbe Priester die Göttin, wenn sie genug Verkehr mit den Sterblichen gehabt hat, der geweihten Stätte wiedergibt. Sofort werden Fuhrwerk und Decken und, wer es glauben will, die Gottheit selbst in einem geheimen See gewaschen. Sklaven verrichten dieses Geschäft, und gleich verschlingt sie nachher derselbe See. Daraus entsteht ein geheimes Grauen und heilige Scheu, zu wissen, was das sei, was nur dem Tode Geweihte schauen."[6]

Heimatforscher verorten den heiligen Hain der Göttin Nerthus auf der Ostseeinsel Rügen. Dabei ist der von Tacitus beschriebene geheime See der dort auf der Halbinsel Jasmund liegende Herthasee. Grund für diese Mutmaßung ist die Tatsache, dass bei einigen germanischen Stämmen die Göttin Nerthus angeblich als Hertha bezeichnet wurde. Ursprung dieser These ist die Schrift „Germania antiqua" des Chronisten Phillip Clüver, die erstmals 1616 veröffentlicht wurde. Von der orthodoxen Geschichtswissenschaft wird die Verbindung von Nerthus/Hertha mit der Insel Rügen zwar abgelehnt, dennoch entbehrt sie nicht eines gewissen Reizes. Ein Besuch des malerischen Herthasees lässt unweigerlich den Gedanken aufkommen, dass es sich hier um einen religiösen Verehrungsort unserer Vorfahren handeln könnte.

Laut Tacitus wurde bei den frühen Germanen neben der Verehrung der „Mutter Erde" in Gestalt der Erdgöttin Nerthus auch noch der Kult des mythischen Stammvaters Tuisto betrieben. Darüber sagte der römische Chronist:

> „Die Germanen feiern in alten Liedern, was bei ihnen die einzige Art von Überlieferungen und Jahrbüchern ist, den der Erde entsprossenen Gott Tuisto und seinen Sohn Mannus als Stammväter und Gründer ihres Volkes. Dem Mannus schrieben sie drei Söhne zu, nach deren Namen die dem Ozean zunächst wohnenden Ingävonen, die in der Mitte Hermionen, die übrigen Istävonen heißen."[7]

Laut geschichtswissenschaftlicher Deutung war Tuisto ein Doppelwesen, das gleichwertig das männliche und das weibliche Prinzip in sich vereinte. Er soll zu Anbeginn der Zeit direkt aus dem Schoß der Erde geboren worden sein. Daher ist es wahrscheinlich, dass seine Verehrung eng mit dem Ackerbau in Verbindung steht, der Lebensgrundlage unserer Vorfahren. Aus sich selbst heraus erschuf Tuisto seinen Sohn Mannus, den Begründer der drei frühen germanischen Hauptstämme, wie in Tacitus' Quelle beschrieben.

Ein besonderes Merkmal der germanischen Religion war der Seelenglauben. Jedoch ging nach der Vorstellung der Germanen die menschliche Seele nicht in ein überirdisches Himmelreich ein wie in anderen Religionen, sondern fand Einzug in die Natur, beispielsweise in Tiere. Dies wiederum erklärt die besondere Tierverehrung der germanischen Stämme. Es waren vor allem Wölfe, Bären, Adler, aber auch Pferde, also alles Tiere, denen auch heute noch Attribute wie Stolz und Mut zugeschrieben werden. Besonders Pferde waren in der germanischen Religionsausübung von entscheidender Bedeutung. Schon Tacitus erwähnte makellose weiße Pferde, die in heiligen Hainen gehalten wurden und ausschließlich bei religiösen Zeremonien Verwendung fanden, wobei ihr Verhalten zur Deutung zukünftiger Ereignisse verwendet wurde. Solche Zeremonien führten ausgesuchte Männer durch, die heute mangels einer besseren Bezeichnung oft fälschlicherweise als „germanische Priester" tituliert werden. Da die Religion bei den Germanen ins alltägliche Leben integriert war, brauchten die Menschen keine Mittler zu ihren Göttern. Es gab bei ihnen daher keine religiöse Kaste, wie etwa die keltischen Druiden, sondern nur die erwähnten „heiligen Männer", die die religiösen Feierlichkeiten leiteten. Neben diesen Männern gab es auch die sogenannten „weisen Frauen". Sie konnten die Zukunft deuten. Die bekannteste unter ihnen ist sicherlich die Seherin Veleda vom Stamme der Brukterer. Laut Tacitus lebte Veleda in einem hohen Turm am Fluss Lippe. Bittsteller konnten sie dort aufsuchen und die weise Frau um Rat bitten. Es war zwar nicht möglich, Veleda persönlich zu treffen, vielmehr gab es Vermittler, die ihr die Anliegen der Besucher weitergaben. Nach reiflicher Überlegung teilte Veleda ihren Rat dann einem der Vermittler mit, der die Antwort dem Bittsteller überbrachte.

Anders als in den monotheistischen Weltreligionen, die einen übernatürlichen Gott verehren, hatten die germanischen Göttergestalten durchaus auch menschliche Züge. Neben ihren positiven Eigenschaften schimmerten auch weniger schöne Wesenszüge wie Eitelkeit und Eigennutz durch. Diese „Vermenschlichung" machte die Göttergestalten jedoch für die Menschen glaubhafter als ein entrücktes übernatürliches Wesen, das die Geschicke der Menschheit vom Himmel aus lenkte. Wenn es auch bei den einzelnen germanischen Stämmen eine Vielzahl verschiedener Gottheiten gab, so war doch das göttliche Dreigestirn Ziu, Wodan und Donar allen Stämmen bekannt. Im folgenden Abschnitt soll näher auf diese Gottheiten eingegangen werden.

Die alten Götter

In den Rauhnächten, so hieß es, zog die Wilde Jagd belohnend und strafend über den Himmel. Sie ist ein wichtiger Teil der Rauhnächte und wird an späterer Stelle noch ausführlich besprochen werden. Doch um besser zu verstehen, welche Mentalität der Vorstellung von der Wilden Jagd zugrunde liegt, welche Gestalten daran beteiligt waren oder Grundlage für die Sagengestalten waren, die nach dem Volksglauben darin mitzogen, sollen hier nun einige der alten Götter vorgestellt werden.

Die Indogermanen, jene ursprünglich aus der Gegend um den Kaukasus stammenden Volksmassen, aus denen sich später unter anderem die germanischen Stämme entwickelten, verehrten einen obersten Gott namens Tiwaz. Es handelte sich hierbei wie bei vielen frühzeitlichen Völkern wohl um eine Art Sonnengott. Die Sonne galt traditionell als lebensspendend und genoss große Verehrung. Bei den frühen Germanen wandelte sich dann die Sonnenverehrung des Gottes Tiwaz hin zum Kult um den siegesverleihenden Kriegsgott Tyr/ Ziu, der bis etwa in das 1. Jahrhundert n. Chr. als oberste Gottheit verehrt wurde. Ab dem 1. Jahrhundert trat dann zunehmend Wodan in den Vordergrund der Götterverehrung. Wodan entwickelte sich mit der Zeit zur alles überstrahlenden Götterfigur der Germanen.
Komplettiert wurde das germanische Götterdreigestirn durch Donar, den Herrn des Wetters, der über Blitz und Donner gebieten konnte, daher auch sein Name. Da eine gute Wetterlage unabdingbar für unsere germanischen Vorfahren war, genoss Donar eine entsprechend große Verehrung.

Gott Ziu

Wie anfänglich schon erwähnt, vollzog sich während der Ausformung der germanischen Stämme die Wandlung des frühzeitlichen Sonnengottes Tiwaz bei den Nordgermanen zur Gottheit Tyr, der bei den Südgermanen den Namen Ziu trug. Später wurde die Bezeichnung Ziu bei allen germanischen

Stämmen üblich. Tiwaz hatte bei den Indogermanen neben seiner lebensspendenden Eigenschaften auch noch die Funktion einer kriegerischen Gottheit inne. Während der Wandlung von Tiwaz zu Ziu traten die kriegerischen Eigenschaften der Gottheit in den Vordergrund, bedingt durch die Bedeutung von Kampf und Sieg für die Germanen. So wandelte sich der vormalige Himmelsgott der Indogermanen zum im kriegerischen Glanze strahlenden Heldengott der germanischen Stämme.

Zur besonderen Verehrung von Ziu führten die jungen germanischen Krieger bei religiösen Zeremonien den Schwerttanz auf. Der römische Chronist Tacitus schreibt dazu:

Ziu, althochdeutsch für Tyr, war ursprünglich ein Himmelsgott und ist durch die Germanen zum Heldengott geworden.

> „Nackt stürzten sich die Jünglinge, denen dies Vergnügen macht, im Sprunge zwischen Schwerter und feindlich drohende Framen. Die Übung hat Gewandtheit, die Anstand erzeugt, doch nicht um Gewinn oder Lohn, so gewagt auch der Mutwille ist, es belohnt ihn nur das Vergnügen der Schauenden.“[8]

Als Wodan dann zunehmend in den Mittelpunkt der germanischen Götterverehrung trat, geriet Ziu dadurch jedoch nicht in Vergessenheit, sondern bekam durch seine kämpferische Seite nun die Rolle des Kriegsgottes der Germanen zugedacht. In der weiteren Ausformung wurde aus Ziu schließlich der Sohn Wodans, der als glorreicher Schlachtenlenker große Verehrung bei allen germanischen Stämmen genoss. Das Schwert wurde zum Zeichen seiner Macht. So war es Brauch, nach kriegerischer Landnahme neuer Ländereien das Schwert des Heerführers in den Boden zu rammen. So wurde das Schwert als Machtzeichen des Kriegsgottes zum Sinnbild für Macht und Herrschaft über das unterworfene Land und seine Bewohner.
Besondere Verehrung genoss Ziu bei dem kriegerischen Stamm der Semnonen. In dem Kriegsgott geweihten Hainen wurden regelmäßig zeremonielle Riten abgehalten. Dabei durften ausgewählte Krieger nur nackt und gefesselt den heiligen Ort betreten. Mit Tänzen versetzten sich die Krieger in Trance, um ihrem Gott nahe zu sein. Wer in der vermeintlichen Gegenwart von Ziu zu Boden fiel, durfte sich nicht erheben, sondern musste sich aus Ehrfurcht vor der Gottheit auf dem Boden kriechend aus dem heiligen Hain fortbewegen.

Gott Wodan

Wie schon erwähnt wurde Wodan ab dem 1. Jahrhundert n. Chr. bei allen germanischen Stämmen als oberste Gottheit verehrt. Anscheinend entwickelte sich die Gottesverehrung Wodans aus der Tatsache, dass er in seiner Urform eine seit den frühesten Zeiten der Menschheit verehrte Wesenheit war. Seine schamanenartigen Züge deuten auf ein Wesen, das schon zum Anbeginn der Zeit auf der Erde wandelte. Ruhelos streifte er durch die Welt, um sein Wissen zu erweitern. Mit diesem Wissen half er den

Menschen, ihr tägliches Leben zu meistern und bei Schicksalsschlägen besser zu bestehen. Am Brunnen der Erkenntnis opferte er ein Auge und hing neun Tage und neun Nächte am Weltenbaum, um die komplexen Zusammenhänge des Lebens zu verstehen. All das tat er zum Wohle der Menschen, die ihn daher zu ihrem obersten Gott erkoren.

Wodan, besser bekannt als Odin, ist der Hauptgott nordischer Mythologie.

Dass Wodan von unseren Vorfahren bereits als schamanenhafter Heiler verehrt wurde, bevor man ihn zur obersten Gottheit erhob, zeigt auch der zweite Spruch der berühmten Merseburger Zaubersprüche. Darin wird eine Begebenheit geschildert, in der Wodan ein dem Tode geweihtes Pferd heilt. Wörtlich heißt es:

„Phol und Wotan ritten in das Gehölz.
Da wurde dem Balders-Fohlen sein Fuß verrenkt.
Da besprach ihn Sinthgunt und Sunna, ihre Schwester,
da besprach ihn Frija und Volla, ihre Schwester,
da besprach ihn Wotan, der es wohl verstand:
Wie Beinverrenkung, so Blutverrenkung,
so Gliederverrenkung:
Bein zu Bein, Blut zu Blut,
Glied zu Gliedern, wie geleimt sollen sie sein.“[9]

Aus dem Schamanen der Frühzeit wuchs schließlich die stammesübergreifende Gottheit Wodan. Ob Wodan seinen Namen bereits zu Anbeginn der Zeit trug, ist fraglich. Sprachforscher gehen davon aus, dass Wodan vom altgermanischen „Wõdh" stammt. Das war die Bezeichnung für eine ekstatisch inspirierte geistige Aktivität, die sich in unkontrollierbar gewordener Begeisterung, in ekstatischem Enthusiasmus und in einer fast heilig zu nennenden Ergriffenheit einstellen konnte. „Wõdh" verweist auf ein ganz besonderes Konzept persönlicher Kraft oder die Macht einzelner Personen.

In der Vorstellung unserer germanischen Vorfahren wanderte Wodan auch noch als oberste Gottheit durch die Welt, um weiter Weisheit und Erkenntnis zu sammeln und um Hilfe zu leisten, wo sie gebraucht wurde. Man stellte sich ihn als alten, bärtigen Mann mit Schlapphut und langem Mantel vor, der in der Menge nicht besonders auffiel. Oft kehrte er des Nachts in den Behausungen der Menschen ein und gab sich als freundlicher Gast. Mancher Gastgeber vermutete ob des fehlenden Auges und der weisen Worte des Mannes, dass er tatsächlich den Gott Wodan beherbergte, doch meistens blieb der Gast als einfacher Reisender in Erinnerung. Traditionell galt Wodan auch als Anführer der Wilden Jagd bzw. des Wilden Heeres.

Gott Donar

Neben Wodan und seinem vermeintlichen Sohn Ziu wurde von unseren Vorfahren noch der Wettergott Donar besonders verehrt. Das ist nicht verwunderlich, war doch entsprechendes Wetter eine elementare Voraussetzung für die von Ackerbau und Viehzucht lebenden Germanen. So war man stets darauf bedacht, Donar milde zu stimmen. Donar galt als wenig friedfertiger Gott, der sich nicht nur um das Wetter kümmerte. Seine Waffe war ein riesiger Hammer, mit dem er Blitze auf die Erde schleuderte, wenn einmal etwas nicht nach seinem Willen ging. Diese Seite seines Wesens ließ Donar in Zeiten des Krieges auch zu einem Gott des Kampfes werden. Die germanischen Krieger riefen vor der Schlacht seinen Namen in ihre Schilde, um aus dem Klang den Ausgang des Kampfes zu erahnen.

Freya, Wodan und der Wettergott Donar.

Gewitter ängstigen heute viele Menschen, doch unsere Vorfahren glaubten, dass Donar mit den Gewittern böse Naturgeister vertrieb, die den lebensspendenden Regen von der Erde fernhalten wollten. Seinen Namen verdankte Donar wohl dem grollenden Donner, der die Blitze aus seinem Hammer begleitete. Unsere Vorfahren glaubten, das Grollen käme von Donars Streitwagen, mit dem der Gott durch den Himmel fuhr. Gezogen wurde der Streitwagen von zwei riesigen schwarzen Ziegenböcken, die neben dem Hammer die Symbole seiner Macht waren.

Besondere Verehrung genoss Donar beim germanischen Stamm der Chatten, der im heutigen Hessen angesiedelt war. Zur Verehrung ihres Gottes hatten die Chatten ein Heiligtum errichtet, in dessen Zentrum die gewaltige Donareiche stand. Dort wurden am „Tag des Donners", dem späteren Donnerstag, zeremonielle Riten zu Ehren des Gottes vollzogen. Die dargebrachten Opfergaben sollten Donar milde stimmen und für gute landwirtschaftliche Bedingungen sorgen.

Im Zusammenhang mit der Donareiche gibt es eine unrühmliche historische Begebenheit, in deren Zentrum der bekannte Missionar Bonifatius steht. Bonifatius wird heute großspurig als „Apostel der Deutschen" bezeichnet, war aber nichts anderes als ein christlicher Glaubenseiferer, der unseren Vorfahren die Religion des gekreuzigten Heilands mit Feuer und Schwert seiner fränkischen Verbündeten brachte. Laut der von Willibald von Mainz, einem klerikalen Chronisten, um 760 verfassten Schrift „Vita Sancti Bonifatii" befand sich Bonifatius im Jahr 723 auf einer Missionsreise im heutigen Hessen. Während dieser Reise hörte er von dem Heiligtum, das die Chatten ihrem Gott Donar errichtet hatten. Da die Mehrzahl der Chatten sich bisher der Christianisierung widersetzt hatten, beschloss Bonifatius, ein Exempel zu statuieren. Unter dem Schutz fränkischer Truppen besetzte Bonifatius das Heiligtum und drohte den anwesenden Chatten, die heilige Eiche zu fällen, sollten sie nicht die ihnen verordnete Religion annehmen. Da sich die stolzen Chatten weigerten, begann Bonifatius mit seinem frevlerischen Tun. Jene ungeheuerliche Tat wurde in den schriftlichen Überlieferungen des frühen Mittelalters zu einer Art göttlichem Wunder hochstilisiert. Angeblich soll es Bonifatius gelungen sein, die mächtige Eiche mit nur wenigen Axthieben zu fällen. Jenes „Wunder" diente dem Missionar dann dazu, die Überlegenheit des christlichen Gottes anzupreisen. Den Chatten wurde später ihre Untätigkeit bei der Fällung ihres Heiligtums vorgeworfen. Die Kirche sah darin den bereits erfolgten Abfall vom heidnischen Glauben. Das heutige Hessen war damals jedoch Teil des fränkischen Reiches und der öffentliche Glaube an die alten Götter wurde mit dem Tode bestraft. Wenn die Chatten Bonifatius nicht an seiner schändlichen Tat hinderten, geschah das aus reinem Selbsterhaltungstrieb.

Göttinnen

Neben den so dominant dargestellten männlichen Göttern der germanischen Glaubenswelt gab es auch eine gewisse Anzahl von weiblichen Göttern. Trotz der unterschiedlichen Namen, die diese Göttinnen bei den verschiedenen Stämmen trugen, handelte es sich in der Regel um Fruchtbarkeitsgöttinnen. Der Ausdruck Fruchtbarkeit bezieht sich hierbei sowohl auf Ackerbau und Viehzucht als auch auf die menschliche Fortpflanzung zum Erhalt des eigenen Volkes. Fruchtbarkeitsgöttinnen waren also gleichzeitig Liebes-, Frühlings- und Landwirtschaftsgöttinnen.

Göttin Ostara

Eine erfolgreiche Ernte, gesunde und sich regelmäßig vermehrende Nutztiere, dazu Glück in der Liebe und eigene, gesunde Nachkommen, das waren die wichtigsten Wünsche für das alltägliche Leben unserer Vorfahren. Damit diese wichtigen Dinge von Bestand blieben, verehrten die Germanen verschiedene Fruchtbarkeitsgöttinnen. Ostara, die gleichzeitig auch als die Botin des erwachenden Frühlings galt, stellten sich unsere Vorfahren als eine übernatürlich schöne Frau vor, die mit einem von Katzen gezogenen Gespann über den Himmel flog. Ihr heiliges Tier war der Hase, immer schon ein Symbol der Fruchtbarkeit.
Zu Beginn des Frühlings feierten die Germanen das Fest der Ostara. Dabei entzündeten sie große Feuer, tranken reichlich Bier und Met und verzehrten dazu Hasenfleisch als aphrodisierende Opferspeise. Kinder, die in dieser Nacht gezeugt wurden, standen unter dem besonderen Schutz der Göttin. Im Zuge der Christianisierung wurden diese Traditionen verteufelt und als Aberglaube diffamiert. Die germanische Fruchtbarkeits- und Liebesgöttin wurde zur Anführerin der Hexen degradiert.

Es ist Jacob Grimm zu verdanken, dass die Göttin Ostara nicht in Vergessenheit geriet. Jacob Grimm ist in erster Linie gemeinsam mit seinem Bruder Wilhelm als Sammler deutscher Volksmärchen bekannt. Seine bahnbrechende Veröffentlichung „Deutsche Mythologie“ von 1835 gilt bis heute als Standardwerk. Von Jacob Grimm wurde darin die Bezeichnung Ostara durch linguistische Vergleiche als Name hergeleitet. Als Quelle bezog sich Grimm dabei auf den englischen Mönch und Kirchenhistoriker Beda, der im Jahre 725 in seinem Werk „De temporum Ratione“ („Von den Zeiten“), einer der wichtigsten Quellen über die Bekehrung der Angelsachsen, das Wort „Easter“ mit einer früheren germanischen Göttin namens „Eostrae“ erklärte. Zu Ostara schreibt Jacob Grimm folgendes:

> „Ostara, Eástre, mag also Gottheit des strahlenden Morgens, des aufsteigenden Lichts gewesen sein, eine freudige, heilbringende Erscheinung, deren Begriff für das Auferstehungsfest des christlichen Gottes verwandt werden konnte. Freudenfeuer wurden zu Ostern angezündet, und, nach dem lange fortdauernden Volksglauben, tut die Sonne in der ersten Ostertagesfrühe, so wie sie aufgeht, drei Freudensprünge, sie hält einen Freudentanz. Wasser, das am Ostermorgen geschöpft wird, ist gleich dem weihnachtlichen, heilig und heilkräftig; auch hier scheinen heidnische Vorstellungen auf christliche Hauptfeste übergegangen. Weißgekleidete Jungfrauen, die sich auf Ostern, zur Zeit des einkehrenden Frühlings, in Felsklüften oder auf Bergen sehen lassen, gemahnen an die alte Göttin.“ (Anmerkung: Aus Gründen der besseren Lesbarkeit wurde der Text vom Autor leicht orthografisch angepasst.)[10]

In der Zeit der Romantik fanden Jacob Grimms Ausführungen über die Göttin Ostara starken Anklang, wurden seither oft für die Erklärung von Osterbräuchen herangezogen und fanden so bis in die jüngere Vergangenheit Eingang in Lexikon und Schulbücher.

Im bereits erwähnten Neuheidentum wurde bereits ab dem 18. Jahrhundert statt des christlichen Ostern wieder das Ostarafest gefeiert. Traditionell beging man die Feierlichkeiten zu Ehren der germanischen Göttin im Frühjahr zur Tagundnachtgleiche, die kalendarisch auf den 19., 20. oder 21. März des jeweiligen Jahres fällt.

Göttinnen Frigg und Freya

Neben Ostara existierten eine Reihe weiterer Göttinnen, deren Hintergründe oft im Nebel der Vergangenheit bleiben, da sie nur selten Erwähnung finden. So fanden sich auf Weihesteinen die Namen von Göttinnen wie Nehalennia, Alateivia, Hludana, und vieler weiterer.[11]

Doch zwei Namen sind uns heute noch sehr präsent, auch wenn es oft von der Sichtweise abhängt, ob es sich dabei um eine oder um zwei Göttinnen handelte. Beide haben teilweise ähnliche Eigenschaften und es ist eher ihre Abstammung, die den Unterschied zwischen ihnen ausmacht. So existieren heute Geschichten von Frigg (Frija), der Gemahlin des Wodan, und von Freya, der durchaus kriegerischen Göttin der Liebe. Obwohl sich dieses Buch auf die germanische Mythologie fokussieren will, gibt es in der Götterwelt zwischen den germanischen und nordischen Völkern Überschneidungen. Freya stammt aus dem Geschlecht der Wanen, Fruchtbarkeitsgötter, mit denen die Asen, die „Kriegsgötter", lange stritten. Freya kam nach dieser Vorstellung als

Frigg, die Göttin der ehelichen Liebe und Schutzgöttin der Mutterschaft und des Haushaltes.

eine Art Unterpfand für den Frieden zu den Asen. Die heutigen Sagen basieren im Wesentlichen auf den Erzählungen der Edda. Hier treten beide Göttinnen in verschiedenen Geschichten auf, so z. B. in der „Mär von Vafthrudner“[12], in welcher Frigg ihren Gatten davor warnt, sich zu den Riesen zu begeben oder in dem „Lied von Thrym“[13], in welchem Donar zu Freya geht, um sich deren „Federkleid“ zu leihen. Da es sich aber kaum rekonstruieren lässt, welche Veränderungen bei der Verschriftlichung der mündlichen Überlieferungen geschehen sind, bleibt es eine Glaubensfrage.

Bei den Germanen wurde Frigg als Beschützerin der Ehe betrachtet. Ihr oblag alles, was mit Haus und Hof zu tun hatte. Unser heutiger Freitag kündet noch davon, welche Bedeutung sie hatte, ebenso, dass in vielen Regionen lange der Freitag auch der Tag war, an dem traditionell geheiratet wurde.[14] Wenn im Kontext mit Frigg von Liebe gesprochen wird, so ist die Liebe in der Ehe gemeint. Sie verkörpert alle Wirkungsbereiche, die den germanischen Frauen unterstanden. Als Symbol für die Herrschaft über den Haushalt trägt sie am Gürtel den Schlüsselbund. In den Geschichten tritt sie vor allem als liebende Mutter auf, vor allem, als ihr Sohn Balder (Baldur) durch eine List Lokis den Tod findet. Nachdem der Tod ihres Sohnes geweissagt wurde, nahm sie allen Dingen das Versprechen ab, ihrem Sohn nicht zu schaden, übersah dabei aber die Mistel. Als sich die Götter den Spaß machten, Balder mit allem Greifbaren zu bewerfen, da er ja als unverwundbar erschien, war es die Mistel, die ihm schließlich den Tod brachte. Frigg verging fast vor Trauer und stieg sogar hinab ins Totenreich, um ihren Sohn zurückzubringen.[15]

Schließlich wird Frigg auch mit dem Altweibersommer in Verbindung gebracht. Wenn in dieser Zeit die Fäden der Spinnweben durch die Lüfte schweben, sagte man lange, Frigg würde so schnell spinnen, dass die Fäden fliegen.[16]

Die Wilde Jagd

Die Wilde Jagd ist ein elementarer Bestandteil der Rauhnächte. Laut dem Volksglauben unserer Vorfahren stand in diesen zwölf ganz besonderen Nächten die sonst geschlossene Schwelle zum Geisterreich offen. Die Wilde Jagd erfüllte verschiedene Aufgaben. Mit den Stürmen des Winters brachte sie Veränderung und Umschwung mit sich, im Schlechten wie im Guten. Die Erde wurde mit Fruchtbarkeit für das kommende Frühjahr gesegnet und die Menschen für ihr Verhalten im verflossenen Jahr belohnt oder bestraft. Zudem sollten die Menschen daran erinnert werden, dass Götter und Geisterwesen immer über sie wachten.

Die frühen Ursprünge der Wilden Jagd sind in den legendären Geschichten um den Kriegsgott Ziu und sein Totenheer zu suchen. Ziu befehligte ein Heer aus gefallenen Kriegern, mit dem er durch die Lüfte zog und seine Feinde in Angst und Schrecken versetzte. Nach Tacitus war das germanische Totenheer ein tatsächlich existierender Kriegerbund, der zum Stamme der Harier gehörte. Die Krieger färbten sich ihre Körper und Schilde schwarz und unternahmen zudem ihre Kriegszüge nur in der Nacht. Den römischen Soldaten schienen diese unheimlichen Krieger wie aus dem Totenreich entsprungen. Nachdem Wodan in den Vordergrund der germanischen Götterverehrung getreten war, wurde aus dem durch die Lüfte ziehenden Totenheer des Kriegsgottes Ziu die Wilde Jagd des Göttervaters.

An der Seite des Anführers Wodan ritt der Wilde Jäger mit seinen Männern, die von einer Meute angsteinflößender Hunde begleitet wurden. Der Wilde Jäger war für sich genommen schon ein Phänomen, da er regional und zeitlich bedingt oft mit einer realen, aber bereits verstorbenen Person in Verbindung gebracht wurde. In der Regel soll es sich dabei um Personen gehandelt haben, die zu Lebzeiten nicht sonderlich beliebt waren. So erzählt eine Geschichte vom reichen Grundbesitzer Blauhütel aus Bernstadt in der sächsischen Oberlausitz. Dieser war ein begeisterter, aber rücksichtsloser Jäger, der mit seinen Jagdgesellschaften die Felder der Bauern zerstörte. Auch der Landvogt konnte dem Treiben keinen Einhalt gebieten.

Doch Blauhütel bekam seine Strafe. Nach dem Tod fand er keine Ruhe im Grab, musste als Wilder Jäger mit anderen Verdammten durch die nächtlichen Wälder reiten.

Wenn der Wilde Jäger mit dem Göttervater Wodan die Menschen heimsuchte, hatte er es besonders auf Waidgenossen abgesehen, die gegen die Gesetze der Jagd verstoßen hatten. Davon erzählt auch die folgende Geschichte:

Die Geschichte vom Weihnachtsjäger

Auf der ‚Maschemer Höhe' (Meisiger Höhe) an der oberen Ausmündung der alten Steige in die Straße Kupprichhausen-Buch am Ahorn, etwa 150 m östlich der ehemaligen Hofsiedlung Meisenheim, steht ein Bildstock, der die Heilige Familie darstellt. Auf dem Sockel ist eingemeißelt: ‚Jesus Maria Josef zu Ehren hat Joh. Georg Nohe, Revierjäger zu Waldmannshofen, dieses Bildnis aufrichten lassen.'

Wir Schulkinder vom Hof-Ahorn, deren Weg täglich am Bildstock vorbeiführte, wollten wissen, warum dieses Bild errichtet wurde. Die alten Leute erzählten, es sei ein Jäger, der am Heiligen Abend wider allen Brauchs auf die Jagd gegangen ist, um noch eine Beute heimzubringen, vom ‚Wilden Heer' erfasst, in die Lüfte fortgetragen und endlich auf der Maschemer Höhe abgesetzt worden. Er habe in seiner Not zur Heiligen Familie gebetet und gelobt, da, wo er wieder glücklich auf die Erde käme, ein Bild der Heiligen Familie errichten zu lassen.

Das Bild stand früher mitten auf dem Acker, wo nach der Sage der Jäger heil gelandet ist. Später wurde der Bildstock, der besseren Bewirtschaftung des Ackers wegen, an den Straßenrand versetzt, wo er sich heute noch befindet.

In meiner Jugend gab es Leute, die noch fest an ein ‚Wildes Heer' glaubten. Es fährt mit Peitschenknall, Rossgewieher, Hundegebell und anderen schrecklichen Tier- und Naturlauten durch die Luft. Wenn man es hört, müsse man sich platt auf den Boden legen, sonst würde man mitgenommen. So weit die Mär."[17]

Holda und Berchta

Neben Wodan und dem Wilden Jäger waren es mystische Gestalten wie Berchta und Holda, die mit der Wilden Jagd über das Firmament zogen. Diese beiden Gestalten des germanischen Volksglaubens basieren wohl auf den Göttinnen Frigg bzw. Frija und Ostara und waren für das Belohnen und Bestrafen der Menschen zuständig.

Holda ist eine bemerkenswerte Gestalt des Volksglaubens. Unsere Vorfahren sahen in ihr eine Art Mutter der bäuerlichen und handwerklichen Künste, die besonders über das Spinnen wachte. Hier zeigt sich eine deutliche Parallele zu Frigg. Vom Wesen her wurde Holda mit milden, freundlichen und gnädigen Charakterzügen beschrieben. Daher war sie bei der Wilden Jagd auch für die Belohnung der fleißigen Frauen zuständig, die das ganze Jahr gut für ihre Familie gesorgt hatten. Auch hier wird wieder der Einfluss der Göttin Frigg auf die Gestalt Holdas erkennbar, war sie doch auch für die Familie und den Haushalt zuständig. Doch Vorsicht, Holda konnte auch anders. Wenn sie von faulen Ehefrauen oder Mägden hörte, die lieber Müßiggang trieben, als ihre Aufgaben zu erfüllen, dann kam die Holda mit ihrem ganzen Zorn über diese Person.

Entstanden ist die Vorstellung von der belohnenden und strafenden Holda wohl auch aus den Holden, Naturgeistern der frühen germanischen Glaubensvorstellungen. Die Holden lebten unter der Erde und waren teils gute, teils bösartige Wesen, die den Menschen oft Freude bereiteten, sie manchmal aber mit bösartigem Schabernack an den Rand der Verzweiflung brachten.

Im Zuge der Christianisierung wurde Holda wie so viele Gestalten des vorchristlichen Volksglaubens zu einer dämonischen Figur stilisiert. Nun war sie nicht mehr die meist freundliche ältere Dame, sondern die Gespielin des leibhaftigen Teufels. Ausdruck dieser Verunglimpfung war der Begriff Unholda, eine frühe Bezeichnung für Hexe.

Holda ist uns heute in erster Linie als die Frau Holle aus den Grimmschen Märchen bekannt. Dort spiegeln sich die Wesenszüge der germanischen Holda wider: Das fleißige Mädchen wird für ihre guten Taten mit Gold belohnt, das faule mit Pech überschüttet.

Es gibt sogar einen realen Ort in Deutschland, der bis heute als der Wohnort der Holle angesehen wird. Am Hohen Meissner in Hessen gibt es den Frau-Holle-Teich, der ein Übergang in ihr magisches Reich sein soll. Lange Zeit galt der Glaube, dass aus dem Teich der Holle die neugeborenen Kinder kommen und die Seelen der Verstorbenen in seine Tiefen zurückkehren. Diese Vorstellung hing offenbar mit dem Brauch zusammen, dass Frauen in diesem Teich badeten, wenn sie schwanger werden wollten. Hier erkennt man den Einfluss von Fruchtbarkeitsgöttinnen wie Frija und Ostara auf Holda.

Dass Holda – trotz ihrer Wandlung von einer der alten Göttinnen und einem ursprünglichen Erdgeist, über eine beliebte Gestalt des germanischen Volksglaubens hin zum Liebchen des personifizierten Bösen bis zur Märchengestalt der Frau Holle – zu einer der beliebtesten Gestalten des deutschen Volksglaubens wurde, zeigt sich an der folgenden Geschichte:

Die Geschichte vom Holunder

Es war einmal in den Rauhnächten, dass die Frau Holle sich wie in jedem Jahr zu dieser Zeit auf den Weg machte, durch die Welt der Menschen zu wandern. Da gelangte sie auch in die Heide, die lag still und schneebedeckt da. Es war die heilige Zeit des Christfestes gekommen. Still stand Frau Holle da und lauschte. Sie hörte die Tiere atmen, die unter dem Schnee, im Baum oder in ihren Höhlen im Winterschlaf lagen. Sie hörte auf das leise Knacken der Steine in der grimmigen Kälte. Sie hörte auf das lebendige Fließen in den schlafenden Pflanzen und Bäumen. Und von tief in der Erde drang auch das leise, wartende Ausharren von neuen Blumen an ihr Ohr. Alles lag im Schlaf und wartete auf die Wärme des Frühlings.

Da sah sie aber, dass mitten auf dem Schneefeld ein Busch ganz alleine stand. Seine Zweige waren nackt und kläglich. Und frostiger Raureif bedeckte den ganzen kümmerlich kahlen Busch. Sie lauschte und hörte, wie seine Zweige voller Kummer ächzten. Da bekam sie Mitleid mit ihm und fragte: „Was bekümmert dich so?“

Die Zweige klagten: „Himmlische Frau! Du hast allen Bäumen und Sträuchern auf der Welt einen Sinn verliehen. Der Weizen und die

Haselnuss nähren die Menschen, die bunten Blumen erfreuen sie, der Flachs gibt ihnen Kleidung und Öl, sogar die Weide und der Ginster mag ihnen dienen, denn aus ihren Zweigen machen sie Besen. Doch ich allein bin ohne Sinn auf der Welt. Sogar zum Feuermachen bin ich nicht zu gebrauchen."

Der Schmerz des Busches rührte Frau Holle. Sie berührte sanft seine Zweige. „Einen Nutzen sollst du haben, guter Strauch. Du bist den Menschen hold und willst ihnen dienen. Von nun an sei darum Hollerbusch dein Name. Und ich will dir üppige Beeren und Blüten schenken, deren Saft dich zu einem wertvollen Freund der Menschen machen wird."

Und so geschah es. Die Menschen erkannten bald die Heilkraft des Busches. Bald pflanzten die Menschen den guten Hollerbusch in ihre Gärten und erfreuten sich an seiner reichen Blütenpracht. Und der Saft seiner Beeren heilte die Kranken. So war der Hollerbusch denn selig und zufrieden, denn er hatte durch Frau Holles Hilfe seinen Platz in der Welt gefunden.[18]

Neben der Holda ritt noch die Berchta mit der Wilden Jagd, ebenfalls eine weibliche Gestalt, der im Wandel der Zeit die verschiedensten Eigenschaften nachgesagt wurden. In ihrem Ursprung war die Berchta die Beschützerin der Kinder, wachte zu Lebzeiten über deren Wohl und nahm die Seelen der verstorbenen Kinder auf in ihr Reich, auf dass sie dort ihre Ruhe fanden. Hier spiegelt sich erneut der Einfluss der Göttin Frigg auf eine Sagengestalt wider, war sie doch auch für den Schutz der Kinder zuständig und folgte ihrem eigenen Sohn sogar in die Unterwelt.

Mit der Zeit wurde im Volksglauben unserer Vorfahren aus der kinderlieben Berchta die Frau Perchta, die ähnlich wie Holda belohnend und strafend unterwegs war. Belohnungen verteilte Perchta für Fleiß und Hilfsbereitschaft. Ihre strafende Natur kam zum Einsatz, wenn jemand sich nicht an das traditionelle Festspeisegebot hielt. Die Bestrafungen reichten von Albträumen, die die Perchta den Missetätern schickte, bis zum Aufschlitzen der Bäuche von besonders schlimmen Übeltätern. Die Bäuche füllte die Perchta dann mit Steinen und warf den Betreffenden in einen Brunnen.

Aufgrund ihrer doppelten Funktion wurde die Perchta auch in zweierlei Form dargestellt: zum einen als wunderschöne, blondgelockte junge Frau in fließenden Gewändern, die zu den Fleißigen kam und sie mit Geschenken bedachte, zum anderen als uraltes hässliches Weib mit wirrem schwarzem Haar und in Lumpen gehüllt. So erschien sie den Missetätern.

Später wurde Frau Perchta dann zur Anführerin der Perchten, Gestalten des alpinen Volksglaubens. Unsere Vorfahren stellten sich die Perchten als riesige zottelige Wesen mit langen Hörnern vor, die mit ihrem grimmigen Aussehen die bösen Geister des Winters vertreiben sollten. Die Perchten waren untrennbar mit den Rauhnächten verbunden, ihre ganz spezielle Zeit war die Nacht vom 5. auf den 6. Januar. Dann zogen sie lärmend durch die Dörfer und ängstigten die Menschen. Denn obwohl diese rauen Gesellen den Winter vertrieben und so für den lebensspendenden Frühling Platz machten, fürchteten sich die Menschen vor den Perchten. Nach Vorstellung der christlichen Kirche waren die Perchten nämlich dämonische Wesen, eine Vorstellung, die mit der Zeit auch auf unsere Vorfahren abfärbte. Demnach war Frau Perchta nun eine besonders böse Hexe.
Der Volksglaube an Frau Perchta und ihre zotteligen Gesellen hat sich bis heute in den alpinen Perchtenläufen bewahrt. Traditionell treffen sich in der Nacht vom 5. auf den 6. Januar meist junge Männer in abenteuerlichen Verkleidungen und gehen von Haus zu Haus, um den Winter zu vertreiben. In manchen Gemeinden in Österreich gibt es spezielle Vereine, die die Tradition der Perchtenläufe bewahren. Die Mitglieder verwenden viel Zeit und Geld auf die Herstellung ihrer aufwändigen Kostüme, die auf den Betrachter zum Teil erschreckend und gleichzeitig faszinierend wirken.

In Erinnerung an die ursprüngliche Berchta, die Beschützerin der Kinder, soll folgende Geschichte wiedergegeben werden:

Die Geschichte von der Frau Berchta und ihren Kindern

Einst begab es sich zur Nacht der Berchten, dass ein Bauer spät abends auf dem Heimweg war. Er kam von Oberau und wollte nach Thierbach. Die Nacht war frostig und der Weg schneebedeckt, und am dunklen Himmel funkelten die Sterne.

Nun war der Bauer gerade recht lustig, hatte er doch mit seinen Zechbrüdern im Wirtshaus ein paar Gläser zu viel geleert. So kam es auch, dass er schwankte und taumelte und nicht so recht vom Fleck kam, und manches Mal musste er eine kleine Pause auf seinem Weg einlegen. Endlich kam er zu einer Bank, die zur Rast einlud. Auf die ließ er sich fallen, um eine Weile zu verschnaufen. Gerade schlug es Mitternacht.

Plötzlich hörte er Stimmen. Er lauschte und erkannte, dass es viele Kinderstimmen waren, und sie näherten sich immer mehr. Und dann sah er auch schon den Zug. Voran schritt die Berchtel und hinter ihr liefen ihre Kinder, die großen zuerst, die kleinen hinterdrein. Das Allerkleinste bildete die Nachhut. Es trug ein viel zu langes Hemdlein, auf dessen Saum es immer wieder trat, stolperte und so nicht vorwärts kam. Da hatte der Bauer Mitleid. Er trat auf das kleine Kind zu, zog sein eigenes Strumpfband ab und band dem Kind das Hemd hoch, so dass es nicht mehr straucheln konnte.

Die Frau Berchta hatte das wohl gesehen und kam zu ihm. Sie sprach: „Du hast Mitleid gezeigt und ohne Eigennutz Hilfe geleistet. So sage ich dir denn, dass es dir und deinen Nachkommen Glück bringen wird. All deinen Nachkommen wird ihr Werk gelingen, und sie werden stets versorgt und glücklich sein.“

Und so kam es denn auch ganz so, wie die Frau Berchta vorhergesagt hatte: Bis heute leben die Nachfahren des Bauern zufrieden auf ihrem Hof, gut versorgt mit Hab und Gut.[19]

Die alten Bräuche

Was tun, was nicht tun in den Rauhnächten?

Für die Zeit zwischen den Jahren gab es eine Vielzahl von uralten Geboten, die unsere Vorfahren beherzigten. So war es Brauch, die eigenen Tiere besonders gut und reichlich zu füttern. Aber auch für die Vögel und die wilden Tiere in Wald und Flur sollte gesorgt werden. Das besorgten besonders gern die Kinder, die bei ihren Eltern und Nachbarn Essen für die Wildtiere erbettelten und dann an bestimmten Plätzen in der Natur verteilten.

Brot sollte in den magischen zwölf Nächten nicht gebacken werden, da dieses unweigerlich schnell verschimmeln würde. An Silvester durfte der Ofen aber nicht kalt bleiben, sonst würden im neuen Jahr unsichtbare Naturgeister das Essen stehlen.

Die Zeit zwischen den Jahren sollte dazu genutzt werden, die Behausung besonders ordentlich aufzuräumen und zu reinigen. Es hieß, dass dreckige Ecken im Haus böse Geister einluden, sich hier niederzulassen. Eine solche Art von Geistern ließ sich auch mit geweihten Kerzen abhalten, die in den Rauhnächten in die Fenster gestellt wurden.

Bestehende Schulden sollten noch beglichen werden, sonst würden im neuen Jahr weitere Schulden dazukommen. Es galt auch, bestehende Streitigkeiten vor Ablauf der magischen Nächte beizulegen, da sich der Zwist sonst auch im kommenden Jahr nicht bereinigen ließe.

Alle landwirtschaftliche Arbeit sollte in den Rauhnächten ruhen, alle Geräte mussten unter Dach und Fach gebracht werden, sonst gäbe es im nächsten Jahr eine schlechte Ernte. Es durfte auch nicht gegraben werden, auch keine Pflanzlöcher für Bäume, denn das bedeutete den Tod eines Angehörigen.

Im Haushalt durfte sich in den zwölf Tagen und Nächten nichts drehen. Flachs und Wolle mussten bis zum 24. Dezember gesponnen sein. Es hieß nämlich, was in diesen Tagen gesponnen würde, wäre nicht von Dauer.

Es gibt klare Vorstellungen von dem, was man während der Rauhnächte tun darf und was nicht.

Ein ganz besonders wichtiger Brauch war es, in der Zeit zwischen den Jahren möglichst keine Wäsche zu waschen. Besonders gefährlich war es, in den Rauhnächten weiße Laken im Freien aufzuhängen. Die Reiter der Wilden Jagd würden diese stehlen und sie im nächsten Jahr als Leichentücher zurückbringen, was den Tod eines Familienmitgliedes zur Folge hätte. Auch andere weiße Wäsche sollte nicht aufgehängt werden. Das könnte die „Wilden Jäger“ anlocken, die dann über die Frauen herfallen würden. Überhaupt sollten in den Rauhnächten keine Wäscheleinen im Freien hängen. Die Reiter der Wilden Jagd könnten sich darin verfangen und deshalb ihren Zorn über die Familien bringen.

Viele der Bräuche und Gebote in den Rauhnächten hatten mit Wodan und der Wilden Jagd zu tun. Davon erzählt auch folgende Geschichte:

Die Geschichte vom Woden

In den zwölf Rauhnächten haben schon so manche den Woden durch die Lande reiten sehen. Auf einem großen Schimmel zieht er umher, und mit ihm ziehen ein Jäger und eine Hundemeute, die zählt vierundzwanzig Hunde, wild und grimmig.

Wo immer er reitet, da bleibt nichts in seiner Bahn, das ihn hindert, kein Zaun und keine Mauer, die nicht vor ihm umstürzen. Doch am nächsten Morgen richten sich all diese Hindernisse von selber wieder auf.

Von seinem Pferd haben sich die Menschen erzählt, es habe nur drei Beine. Andere meinen, es hätte acht. Und immer nimmt er denselben Weg an den Häusern und Höfen vorbei, so geschwind, dass manches Mal einer der Hunde hinter ihm zurückbleibt. Dann heult er zum Gotterbarmen, wenn er so auf der Strecke geblieben ist.

Einst begab es sich, dass ein Bauer nahe seinem Hof einen der Hunde fand, der heulte und winselte, immer auf seinen Herrn harrend. In der nächsten Nacht, zum Christfest, kehrte der Wode dann wieder und holte den Hund wieder ab.

Es ist nicht geraten, in der Christnacht Wäsche draußen aufzuhängen – leicht kann es sonst geschehen, dass die Hunde sie in Fetzen reißen. Backen ist ebenso unklug, genau wie die Türe offen stehenzulassen. Denn durch jedes geöffnete Tor und jede offene Tür reitet der Wode hindurch, gefolgt von seinen Hunden, die fressen dann alles Essbare, was sie in Haus und Hof vorfinden.

Einmal geschah es, dass der Wode zum Hof eines armen Bauern kam. Wild stürzten sich die Hunde auf alles Genießbare dort und verzehrten es. Der arme Bauer klagte und fragte verzweifelt den Woden, wer ihm denn den entstandenen Schaden gutmachen würde. Der Wode sprach: „Sorge dich nicht, ich will dir alles reichlich bezahlen."

Kurz darauf kam er mit einem toten Hund zum Bauern. „Wirf ihn in den Schornstein!", befahl er. Der Bauer tat, wie ihm geheißen. Da barst der Leib des Hundes und der Bauer fand viele blanke Goldtaler darin.[20]

In die Zukunft schauen

Für uns Menschen war und ist es bis heute wichtig und ungemein spannend zu erfahren, was die Zukunft für uns bereithält. Unsere Vorfahren befragten weise Frauen und Orakel und pflegten zudem noch andere Bräuche, um einen Blick auf ihr zukünftiges Leben zu erhaschen.
Besonders für noch junge Menschen war es schon immer von immenser Bedeutung, den richtigen Partner für ihr Leben zu finden. Daher pflegten unsere Vorfahren den Brauch, sich in den Rauhnächten um Mitternacht zu Wegkreuzungen zu begeben. Es hieß, mit etwas Glück würde man so das Angesicht der oder des Liebsten zu sehen bekommen.

Bei den Germanen hatten die weisen Frauen, auch Seherinnen genannt, zwischen den Jahren sozusagen Hochkonjunktur. Im Gegenzug für eine Opfergabe an die Götter, die im Grunde eine Gabe an die Seherin war, warf diese einen Blick in die Zukunft. Dazu wurden oft Gegenstände wie Knochen oder Würfel verwendet. Später bürgerte sich das Handlesen ein, wobei mittels der Handlinien die Zukunft geweissagt wurde.
Auch das Befragen von Orakeln war bei unseren Vorfahren sehr beliebt. Großen Zuspruch genoss dabei das Ei-Orakel. Im Zentrum dieser Zukunftsschau stand die Vorstellung vom Welten-Ei, einem Schöpfungsmythos, der in vielen Kulturen und Zivilisationen verbreitet war. Wenn auch die Auslegung vom Entstehen und Wirken des Welten-Eis regional und zeitbedingt durchaus sehr unterschiedlich war, vereinte sie doch der Glaube an einen Schöpfergott, der einem Ei entsprossen war.
Das Ei-Orakel funktionierte auf zweierlei Weise. Man nahm ein frisch gelegtes Hühnerei kurz in die Hand, damit es die Körperwärme aufnahm und legte es dann auf eine Schale vor sich auf den Tisch. Dann wurde das liegende Ei vorsichtig um die eigene Achse gedreht und dazu eine Frage gestellt. Drehte sich das Ei schnell, war die Antwort „ja". Drehte sich das Ei langsam oder blieb abrupt stehen, war die Antwort „nein". Bei einer anderen Form des Ei-Orakels wurde ein frisches Ei in einem Gefäß mit sauberem Wasser geschlagen. Aus den

Schlieren des Eiweiß-Wasser-Gemischs, die sich bildeten, konnten hellsichtig begabte Menschen dann die Zukunft ablesen.

Räuchern

Das traditionelle Räuchern in der Behausung und den Stallungen hatte bei unseren Vorfahren verschiedene Bedeutungen. Bekanntermaßen war der Glaube an böse Geister in früheren Zeiten weit verbreitet. Um sich vor dem Treiben dieser Geister zu schützen, wurde das Schutzräuchern betrieben. Diese Art des Räucherns diente generell dazu, sich vor äußeren negativen Einflüssen zu schützen. Unsere Vorfahren glaubten, dass der der Pflanze innewohnende Geist Schutz vor Angriffen bot. Als Pflanzengeist galt der Rauch der verglühenden Kräuter, dieser verkörperte im Volksglauben die Auferstehung der Pflanzenseele, die emporstieg und Schutz bot. Das Schutzräuchern wurde vorbeugend angewendet, es wirkte nicht mehr, wenn schon etwas geschehen war. Schutzkräuter gab es viele, besonders oft wurden Johanniskraut, Holunder und Wacholder verwendet.

Das Räuchern vertreibt negative Energien und kann aufgrund der intensiven Gerüche unser Wohlbefinden beeinflussen.

Das Räuchern in den Rauhnächten war in erster Linie auch ein symbolischer Akt, um sich vom scheidenden Jahr zu verabschieden und das kommende Jahr zu begrüßen. Alles Negative, das sich über das Jahr angesammelt hatte, sollte buchstäblich „ausgeräuchert" werden, wozu starke Düfte, wie etwa von Baumharz, verwendet wurden. Das neue Jahr begrüßten unsere Vorfahren dagegen mit lieblichen Gerüchen von Schlehdorn und Brombeere.

Beim traditionellen Räuchern zwischen den Jahren ging der Vater als Familienoberhaupt mit der Räucherpfanne voraus und die Mutter mit den Kindern folgte ihm, um die Familie, die Tiere und das Haus für das nächste Jahr zu schützen. So ging die Familie von Raum zu Raum und anschließend in den Stall. Dort wurde das Futter der Tiere mit aromatischen Kräutern bestreut. Anschließend bat die Familie gemeinsam die Götter um ein gesundes und erfolgreiches neues Jahr.

Das Räuchern als Zeremonie für einen Neustart.

Die Zeit, in der die Tiere sprechen

Nach einem alten Volksglauben unserer Vorfahren waren die Rauhnächte auch eine Zeit, in der die Tiere zu sprechen begannen. Natürlich kommunizieren Tiere ihrer Art entsprechend miteinander, doch es hieß, in den Rauhnächten könnten auch die Menschen die Tiere verstehen. Traditionell fühlten sich die Menschen in der Zeit zwischen den Jahren ihren Tieren besonders verbunden. Das hat sich bis heute gehalten. Viele Menschen beschenken ihre tierischen Freunde und Familienmitglieder zu Weihnachten. So weit gingen unsere Vorfahren wohl nicht, aber in der Zeit der Rauhnächte wurden die Tiere mit zusätzlichem Futter und besonderen Streicheleinheiten bedacht.

Angeblich konnten die Tiere in den Rauhnächten sogar die Zukunft sehen.

In besonders christlich geprägten Regionen glaubten die Menschen, dass die Tiere zu Weihnachten vor Freude über die Geburt Christi zu sprechen begännen. Die Tiere unterhielten sich in der Sprache der Menschen miteinander über die Behandlung, die ihnen das Jahr über zuteilwurde. Sie sprachen mit den Seelen ihrer verstorbenen früheren Besitzer und beteten zu Gott, dass es ihnen im Himmelreich gut ging. Woher der Glaube kommt, die Tiere könnten in der Rauhnacht sprechen, ist nicht genau zu klären. Da wir sprechende Tiere auch aus verschiedenen Volksmärchen kennen, steckte wohl der Wunsch unserer Vorfahren dahinter, mehr darüber zu erfahren, was das liebe Vieh und die Haustiere dachten. Vielleicht steckten auch die Götter dahinter oder es war die Magie der Rauhnächte, die dafür sorgte, dass die Tiere zu den Menschen sprachen. Vielleicht war es wirklich nur Wunschdenken, vielleicht auch nur zu viel Met und Räucherwerk, aber der Gedanke, dass die Tiere Nöte und Freuden mit ihren Menschen teilten, hat doch etwas Reizvolles.

Laut einer uralten Überlieferung gab es den guten Rat, in den Rauhnächten nach Mitternacht nicht mehr den Stall zu betreten. Man könnte sonst um diese Zeit Dinge erfahren, die besser ungehört blieben. Davon erzählt die folgende Geschichte:

Früher glaubte man, dass Tiere in dieser Zeit sprechen könnten, heute können wir versuchen, ihre Körpersprache zu deuten.

Die Geschichte vom Weissagen der Tiere in der Rauhnacht

In der Mettennacht wird das Vieh um Mitternacht im Stall unruhig und erhebt sich vom Lager, um seine Freude über die Geburt des Heilands auszudrücken. Ochsen und Pferde reden sogar und weissagen.

Einem Braunauer Bauern, der sich zu dieser Zeit unter den Pferdebarren legte, verkündeten seine Pferde, dass sie ihn bald auf den Freithof führen würden. Und so geschah es auch.

Ein Mann in der Naarner Gegend belauschte auch seine zwei Rösser in der Mettennacht, indem er sich hinter dem Barren versteckte. Da hörte er das eine Pferd sagen: ‚Nächst Jahr stirbt unser Herr, den müassn ma auf a schwarn Leichenwagen ziagn!' Von der Stunde an wurde der Bauer trübsinnig, weinte und wurde immer kranker. Er starb und die beiden Pferde konnten den Leichenwagen kaum vorwärtsbringen, so schwer war er. [...]

Ein andermal horchte ein Knecht in der Mettennacht im Stall und hörte, wie ein Ochs zum anderen sagte: ‚In den nächsten Tagen werden die Hausleute saure Suppe essen, da wird sich der Bauer beim dritten Löffel an einem Beinschiefer erwürgen.'

Als ein paar Tage darauf saure Suppe auf den Tisch kam, passte der Knecht auf und schlug dem Bauern den dritten Löffel aus der Hand. Er sah genau nach und wirklich fand er den Schiefer. Dadurch hatte er den Bauern gerettet.[21]

Alte Bräuche neu beleben

Das Räuchern

Für unsere Vorfahren gehörte es untrennbar zu den Rauhnächten, bestimmte Räucherzeremonien abzuhalten. Natürlich brauchen wir heute keine bösen Geister mehr zu vertreiben, doch das Räuchern in den eigenen vier Wänden kann eine Atmosphäre der Entspannung schaffen und wird Ihnen äußerst wohltuend vorkommen.

Wollen Sie Ihre Wohnung oder Ihr ganzes Haus ausräuchern, gilt es, einige Vorbereitungen zu treffen. Räumen Sie zunächst alle Räume Ihrer Behausung auf und putzen Sie ordentlich. Sicherlich findet sich dabei einiges, was Sie wegwerfen oder weggeben können. Öffnen Sie dabei einige Fenster und atmen Sie die hereinströmende frische Luft tief ein, so können angestaute negative Energien und emotionaler Ballast entweichen. Für das Räuchern bereiten Sie am besten in der Küche eine tragbare Räucherschale mit den entsprechenden Kräutern vor. Der Kräuterauswahl sind an dieser Stelle keine Grenzen gesetzt. Natürlich ist eine selbst gesammelte Mischung gekauftem Räucherwerk vorzuziehen. Für eine großräumige Räucherung ist der Zunderpilz zu empfehlen. Dieser findet sich auf abgestorbenen Bäumen und ist in getrockneter Form ein ideales Räucherwerk. Der getrocknete Zunderpilz glüht sehr lange ohne zu verlöschen und ohne Funken zu versprühen. So eignet er sich hervorragend als Grundlage, auf die sich eher flüchtige Kräuter verstreuen lassen. Um einen angenehmen Räucherduft und gleichzeitig eine ideale Wirkung zu erzielen, bieten sich Salbei, Wacholder, Johanniskraut, Schafgarbe und Beifuß an. Für das Sammeln von eigenen Kräutermischungen seien hier noch einige Hinweise gestattet.

- Bitte sammeln Sie nur Pflanzen, die Sie einwandfrei identifizieren können. Sind Sie sich bei einer Pflanze unsicher, lassen Sie sie stehen.

- Entnehmen Sie jeweils nur geringe Mengen, damit sich die Pflanze gut regenerieren und nachwachsen kann.
- Sind Sie sich generell unsicher beim Bestimmen der Pflanzen, kaufen Sie sich einen entsprechenden Ratgeber, aus dem hervorgeht, zu welcher Jahreszeit die verschiedenen Blüten, Blätter und Wurzeln am besten gesammelt werden.
- Sammeln Sie niemals in Naturschutzgebieten und nur an sauberen Plätzen ohne Insektizide oder chemische Düngung.
- Experimentieren Sie niemals mit unbekannten Pflanzen! Das kann zu unvorhersehbaren Komplikationen führen.
- Sollten Sie sich weiterhin unsicher sein, greifen Sie lieber zu fertigen Kräutermischungen aus einem Reformhaus.

Haben Sie nun Ihre Räucherschale entzündet, beginnen Sie mit dem Ausräuchern in den untersten Räumlichkeiten, wie etwa dem Keller. Arbeiten Sie sich dann nacheinander durch die höheren Stockwerke. Dabei sollten Sie jeden Raum viermal im Uhrzeigersinn durchschreiten. Gehen Sie langsam und bedächtig. Fächeln Sie den Rauch besonders in Ecken und lassen Sie keinen Winkel ohne Rauch. Erst dann wird die Zeremonie vollständig sein. Haben Sie alle Räume Ihrer Behausung viermal durchschritten, gehen Sie noch einmal fächelnd durch alle Zimmer, um die Zeremonie abzuschließen. Lassen Sie nach der erfolgten Reinigung den verbleibenden Rauch noch einige Zeit nachwirken und lüften Sie danach gründlich.

Für die Zeit der Rauhnächte werden einige Tage ganz besonders für Räucherzeremonien empfohlen. So gilt der 25. Dezember bereits als Tag des Abschieds vom alten Jahr. Traditionell soll an diesem Tag das scheidende Jahr mit einer reinigenden Räuchermischung verabschiedet werden. Nutzen Sie etwas schwerere Düfte, wie etwa Baumharze, dazu. Die Zeit des Jahreswechsels vom 31. Dezember auf den 1. Januar sollte auch beim Räuchern eine Verbindung von Alt zu Neu herstellen. Dieser Übergang ist daher mit besonders harmonischen Düften zu untermalen. Geeignet sind dazu getrocknete Früchte. Das Ende der Rauhnächte am 5. Januar sollte dann mit einem energiereichen Start in das neue Jahr beginnen. Dazu eignen sich am besten getrocknete aromatische Kräuter.

In die Zukunft schauen

Mit Sicherheit ist es auch heute für viele Menschen von großem Interesse zu wissen, was die Zukunft bringt. Jeder möchte doch erfahren, ob er weiterhin gesund bleiben wird, ob das Leben seinen gewohnten Gang gehen oder ob Veränderungen ins Haus stehen werden.

Das Bleigießen wurde schon von den Römern zur Deutung der Zukunft benutzt. Dabei schmolz man meist ein kleines Stück Blei über einer Kerze und warf das flüssige Blei dann in ein Gefäß mit kaltem Wasser. Das wieder erstarrende Blei nahm dabei bizarre Formen an, aus denen die Zukunft gedeutet wurde. Bis vor einigen Jahren war das Bleigießen auch bei uns ein beliebter Brauch zu Silvester. Aus gesundheitlichen Gründen wurde diese liebgewonnene Tradition aber 2018 von der EU verboten. Alternativ können Sie heute das Zinngießen veranstalten, was ebenfalls gut funktioniert.
Für einen Blick in die Zukunft können Sie natürlich auch das bereits beschriebene Ei-Orakel verwenden, was bei unseren Vorfahren sehr beliebt war. Ein Ei hat sicherlich jeder im Haushalt. Für das Silvester mit Familie und Freunden wird das sicherlich ein ungemeiner Spaß werden.

Keine Wäsche waschen

Einer der heute bekanntesten Bräuche der Rauhnächte ist das bereits erwähnte Gebot, zwischen den Jahren keine Wäsche zu waschen und auf keinen Fall etwas zum Trocken im Freien aufzuhängen. Sicherlich ist es heute gerade in einem Haushalt mit mehreren Kindern kaum möglich, fast zwei Wochen lang keine Wäsche zu waschen. Sie sollten dieses Gebot auch nicht zu wörtlich nehmen. Wäsche waschen war früher eine schwere und zeitraubende Arbeit. Also sollten Sie diesen Brauch so auslegen, dass Sie in den Rauhnächten nur wenig und wenn möglich keine schweren Arbeiten verrichten. Oder verschieben Sie alle Arbeiten, die Ihnen persönlich „schwer“ fallen, auf das nächste Jahr. Die unliebsame Steuererklärung kann noch ein Weilchen warten und die klemmende Schranktüre auch später repariert werden.

Weissagungen haben Menschen immer schon fasziniert. Zu Silvester eignet sich das Ei-Orakel.

Die Räder stillstehen lassen

Ein weiteres Gebot der Rauhnächte war es, dass in dieser Zeit nichts gesponnen werden sollte, weil die Erzeugnisse nicht haltbar wären. In der Zeit zwischen den Jahren ruhten also die Spinnräder.

Natürlich werden die meisten Menschen heute nicht mehr selbst ein Spinnrad bedienen und sich ihre Kleidung selbst herstellen. Aber wir können in dieser magischen Zeit auch andere Räder stillstehen lassen. Sicherlich müssen notwendige Wege bewältigt werden, zu denen wir auch unsere Fortbewegungsmittel nutzen. Aber Sie sollten, wenn möglich, diese Wege auf das Nötigste beschränken. Lassen Sie sprichwörtlich „mal die Räder stehen". Nehmen Sie sich Zeit, entspannen Sie sich und genießen Sie einfach mal eine Zeit des Nichtstuns.

Vielleicht sollten die stehenden Spinnräder unserer Vorfahren heute auch symbolisch gesehen werden. Früher saßen die Frauen gemeinsam an den Spinnrädern und tauschten allerlei Tratsch und Geschichten aus. Das gibt es zwar in unserer modernen Welt nicht mehr, aber vielleicht sollten wir die Spinnräder als Gedankenräder betrachten und das „Spinnen im Kopf" herunterfahren. Der heutige Daueraustausch über jede Kleinigkeit per Smartphone oder soziale Netzwerke könnte doch in der magischen Zeit der Rauhnächte einmal eingedämmt werden. Die alltäglichen Herausforderungen und schönen oder weniger schönen Erlebnisse bewusst nur mit sich selbst auszumachen, kann auch einmal äußerst reizvoll sein.

Mit den Tieren sprechen

Wie schon erwähnt, glaubten unsere Vorfahren, dass ihre Tiere in der Zeit der Rauhnächte sprechen könnten. Wenn es auch in unserer modernen Zeit sicherlich verrückt klingt: Vielleicht sollte man diese Möglichkeit auch für unsere Tiere in diesen Nächten um und nach Weihnachten in Betracht ziehen? Der Gedanke hat doch etwas Reizvolles. Natürlich werden Ihr Hund oder Ihre Katze nicht mit menschlicher Stimme sprechen. Aber achten Sie auf die Körpersprache Ihrer kleinen Lieblinge. Vielleicht will Ihr Tier Ihnen etwas mitteilen, das Sie im stressigen Alltagsleben bisher übersehen haben. Wenn Sie zwischen den Jahren Ruhe und Gelassenheit in Ihr Leben einziehen lassen, wird sich das auch auf Ihr Haustier übertragen. Es wird zutraulicher und verschmuster werden und Ihnen zeigen, wie wichtig Sie ihm sind. Liebe geht bei unseren tierischen Freunden bekanntlich durch den Magen. Geben Sie pelzigen oder gefiederten Familienmitgliedern ihr Lieblingsfutter und besondere Leckerlis. Am Weihnachtsabend sollte auch für das geliebte Haustier ein Geschenk unter dem Weihnachtsbaum liegen.

Die Rauhnächte für sich selbst nutzen

Die Rauhnächte sind eine geeignete Zeit dafür, sich einmal auf sich selbst zu besinnen. So können und sollten Sie die Tage nutzen, sich auf bestimmte Aspekte Ihres Lebens zu konzentrieren.
Die Rauhnächte waren schon immer eine Zeit der Reinigung. Fangen Sie zunächst an, ihr persönliches Umfeld zu reinigen. Es mag profan klingen, aber putzen Sie einfach einmal besonders gründlich Ihr Zuhause. Räumen Sie auf, „misten" Sie Ihren Kleiderschrank aus und trennen Sie sich von Dingen, die Sie nicht mehr benötigen. Sie werden sehen, danach fühlen Sie sich befreiter als vorher. Unnötiger Besitz belastet den Geist und in einer aufgeräumten, sauberen Umgebung fällt es leichter, sich auf sich selbst zu besinnen.

Zeit für geistige Reinigung nehmen

Nachdem die Behausung gereinigt ist, sollten Sie sich auch genügend Zeit nehmen, Ihre Seele von unnötigem Ballast und negativen Energien zu reinigen. Wenn das zu hochtrabend klingt: Lösen Sie ungeklärte Konflikte, die Sie schon länger mit sich selbst ausfechten und finden Sie so Ihren inneren Frieden wieder. Nichts belastet Seele und Psyche mehr, als Probleme, die immer wieder aufgeschoben und nicht gelöst werden.

Für solch eine innere Reinigung eignet sich am besten Ihr persönlicher Wohlfühlort. Vielleicht ist das die Badewanne, wo Sie bei einem entspannenden Schaumbad in Ruhe über sich nachdenken können. Wer gern aktiv ist und das mitunter nasse und kalte Wetter dieser Jahreszeit nicht scheut, kann auch einen Waldspaziergang machen. Die Ruhe im Wald wirkt sich besonders positiv aus, wenn Sie emotional aufgewühlt sind und beständig Probleme im Kopf herumwälzen. Haben Sie Ihren Wohlfühlort gefunden, beginnen Sie mit der geistigen Reinigung. Das klingt jetzt sicherlich schwieriger, als es in Wirklichkeit ist. Denken Sie einfach darüber nach, was Sie in den letzten Wochen und Monaten emotional belastet hat. War es Streit mit Partner oder Familie, hatten Sie Differenzen mit Chef oder Kollegen? Haben Sie sich selbst Probleme geschaffen, sich vielleicht unnötig in finanzielle Nöte gebracht oder haben Sie in der Vergangenheit mehr Alkohol getrunken, als für Ihre Gesundheit gut ist? Gerade die selbst geschaffenen Probleme lassen sich in dieser Zeit gut lösen. Denken Sie darüber nach, warum Sie sich selbst schaden. Ist der Alkohol Ihr Seelentröster, dienen unnötig erworbene Dinge als Pflaster für eine psychische Wunde?

Erkennen Sie, was Ihr Inneres belastet und versuchen Sie, mit sich selbst ins Reine zu kommen. Oft sind es Probleme mit anderen Menschen, die Ihr Inneres aus dem Gleichgewicht bringen. Die meisten Menschen sind harmoniesüchtig, versuchen Streit und Konflikte zu vermeiden. Das berühmte „in sich hineinfressen“ von Problemen kennt wohl jeder von uns. Irgendwann kreisen die Gedanken nur noch um diese vermeintlichen Probleme, die sich möglicherweise viel leichter aus der Welt schaffen lassen, als Sie denken. Gerade die Zeit der Rauhnächte, in der Sie sich bewusst mehr Zeit für sich selbst nehmen sollen, eignet sich besonders gut dafür. Fühlen Sie sich im Beruf ungerecht behandelt oder haben sich gefühlsmäßig von Ihrem Partner entfernt, planen Sie ein klärendes Gespräch für das kommende Jahr. Sie haben gerade genug Zeit, sich auf solch ein Gespräch in Ruhe vorzubereiten. Wenn Sie sich in entspannter oder beruhigender Atmosphäre auf die Lösung zwischenmenschlicher Konflikte vorbereiten, wird es Ihnen viel leichter fallen, später im Gespräch Ihrem Gegenüber Ihre Sicht der Dinge darzulegen.

Bilanz ziehen

Haben Sie durch die innere Reinigung wieder Ihre innere Balance gefunden, wird es Zeit Bilanz zu ziehen. Zu dieser Rückschau gehört es, die Ereignisse und Erfahrungen des vergangenen Jahres innerlich noch einmal an sich vorbeiziehen zu lassen. Erinnern Sie sich daran, was wirklich gut war, was Ihnen wichtige Erfahrungen gebracht hat und erinnern Sie sich daran, wann Sie wirklich glücklich waren. Genießen Sie die Erinnerungen an diese

Momente des Glücks noch einmal. Es ist jedoch auch wichtig, sich an traurige und schwierige Momente zu erinnern. Akzeptieren Sie, dass auch diese Dinge untrennbar zu Ihrem Leben gehören. Erkennen Sie, wie Sie an glücklichen und traurigen Erfahrungen gereift sind und blicken Sie mit Wertschätzung auf diesen Prozess.

Pläne für das neue Jahr schmieden

Haben Sie die ganz persönliche Bilanz Ihres vergangenen Jahres gezogen, ist es an der Zeit, Pläne für das kommende Jahr zu machen. Das hat jedoch nichts mit den jedes Jahr aufs Neue strapazierten „guten Vorsätzen“ zu tun, die sowieso nur von den wenigsten eingehalten werden. Überlegen Sie genau, was Sie immer schon einmal tun wollten. Halten Sie sich nicht mit profanen Kleinigkeiten auf, planen Sie etwas „Großes“. Wenn schon, denn schon! Wollten Sie schon immer ein Buch schreiben? Setzen Sie sich hin und fangen Sie einfach an zu schreiben. Wollen Sie mehr Sport treiben? Gehen Sie am 2. Dezember los und kaufen sich neue Sportschuhe oder ein tolles Fahrrad. Glauben Sie an sich, hängen Sie nicht nur Träumereien nach, schmieden Sie konkrete Pläne und setzen Sie diese auch gleich um. Sie werden sehen, wie glücklich Sie das machen wird!

Zeit für Familie und Freunde nehmen

Die Rauhnächte waren traditionell schon immer eine Zeit der Familie. Sicherlich gehört der Satz „Meine Familie ist das Wichtigste in meinem Leben“ auch zu Ihrem Standardrepertoire. Aber seien wir mal ehrlich, ist das meistens nicht nur eine Floskel? Leider lässt uns das immer hektischer werdende Alltagsleben immer weniger Zeit für die Familie. Nutzen Sie die Zeit zwischen den Jahren bewusst für Ihre Lieben. Setzen Sie sich zusammen, reden Sie miteinander. Sprechen Sie über die schönen familiären Momente und schaffen Sie bestehende Zwistigkeiten aus der Welt. Nichts kann in einer harmonischen Familie so problematisch sein, dass man es mit ins neue Jahr nehmen sollte.

Vergessen Sie in dieser Zeit auch nicht die bereits verstorbenen Familienmitglieder. Gehen Sie auf den Friedhof und zünden Sie eine Kerze auf dem Grab der unvergessenen Verwandten an. Neben der Familie sollte man sich in der Zeit zwischen den Jahren auch auf seine Freunde besinnen. Denken Sie nach: Wann haben Sie Ihre beste Freundin das letzte Mal gesehen oder waren mit den alten Kumpels ein Bier trinken? Holen Sie das längst Überfällige nach und Sie werden sehen, wie viel Vergnügen es Ihnen und Ihren Freunden machen wird.

Ein persönlicher Fahrplan für die Rauhnächte

Die folgenden Zeilen sollen Tipps dafür enthalten, wie Sie die Zeit der Rauhnächte für sich ganz persönlich gestalten können. Wohlgemerkt, es sollen wirklich nur Tipps und Hinweise sein, die individuelle Gestaltung der magischsten Zeit des Jahres bleibt natürlich ganz allein Ihnen überlassen. Sicherlich lassen Ihre persönlichen Lebensumstände auch vieles von dem, was hier vorgeschlagen wird, nicht zu. Obwohl ich hier immer nur „Sie" schreibe, ist es natürlich möglich, die Vorschläge mit einer ganz besonderen Person in Ihrem Leben oder der ganzen Familie umzusetzen. Es liegt ganz in Ihrem Ermessen. Auch die Nutzung der einzelnen Tage soll nur eine Anregung für Sie sein. Lassen Sie sich einfach inspirieren!

Die erste Rauhnacht – 25. Dezember – Tag der Reinigung

Die Uhr hat Mitternacht geschlagen, der Heilige Abend mit all seinem Trubel und den Verwandtenbesuchen ist vorbei. Die magischen zwölf Rauhnächte haben begonnen.
Dieser erste Tag sollte zunächst als Tag der Reinigung gesehen werden. Putzen Sie Ihr Zuhause, sortieren Sie Dinge aus, die Sie im neuen Jahr nicht mehr brauchen, schaffen Sie Ordnung in Ihrem materiellen Leben.

Nutzen Sie den ersten Abend der Rauhnächte für eine besondere Räucherung. Verwenden Sie beruhigende Düfte, denn dieser Tag soll entspannt ausklingen. Sie haben heute einiges an Arbeit bewältigt, jetzt können und sollen Sie entspannen. Wenn die angenehmen Kräuterdüfte durch Ihre Behausung zu strömen beginnen, wird sich bei Ihnen ganz automatisch ein Gefühl der Behaglichkeit und des Zur-Ruhe-Kommens einstellen. Suchen Sie sich einen Platz, an dem

Rauhnächte: Die individuelle Gestaltung der magischsten Zeit des Jahres bleibt natürlich ganz allein Ihnen überlassen.

Sie ungestört sind. Genießen Sie dieses Gefühl der Behaglichkeit mit allen Ihren Sinnen. Lassen Sie sich fallen, streifen Sie aufgestaute Sorgen und Nöte ab.
Dieser besondere Abend sollte auch ein Abend der Stille sein. Stellen Sie die Telefone ab, kein Fernseher und kein Radio sollten die Stille stören. Bitten Sie auch Ihre Familienmitglieder, Sie an diesem besonderen Abend der ersten Rauhnacht so wenig wie möglich zu behelligen. Das klingt jetzt sicherlich leichter gesagt als getan, aber versuchen Sie, so viel Zeit wie möglich für sich zu haben.

Denken Sie heute auch nicht zu viel über das vergangene Jahr und die Zukunft nach. Dafür ist an den kommenden Tagen noch genügend Zeit. Sie werden schnell merken, wie die angenehmen Düfte, die Stille und die sich in Ihrem ganzen Körper ausbreitende Entspannung in Ihnen ein Gefühl der inneren Gelassenheit erzeugen, das Sie viel zu selten spüren. Genießen Sie dieses Gefühl!

Die zweite Rauhnacht – 26. Dezember – Tag des Friedens

Der gestrige Abend der ersten Rauhnacht war Ihr ganz besonderer Abend. Sie haben Entspannung und Stille genossen. Der heutige Tag und Abend wird sicher etwas stressiger und hektischer. Wenn sich wie üblich am Zweiten Weihnachtsfeiertag Familienbesuch angekündigt hat, wird es viel zu tun geben. Vielleicht werden Sie kochen und alles für die Gäste vorbereiten, sich um die Kinder kümmern und die schon etwas gebrechlichen älteren Verwandten zur Familienfeier abholen.
Denken Sie bei all den Vorbereitungen daran, dass dies ein Tag des Friedens sein soll. Denken Sie intensiver über folgende Themen nach:

Körper

Waren Sie zufrieden, als Sie heute früh in den Spiegel geschaut haben? Gerade Frauen werden sicherlich wieder auf die berühmten „Problemzonen" geschaut haben, die Männer sich über das oft schon schüttere Haar und zu viele Falten geärgert haben. Ärgern Sie sich nicht, finden Sie Frieden in Ihrem Körper. Niemand ist perfekt. Nehmen Sie sich nicht die Models aus den Zeitschriften und die jungen Muskelmänner aus dem Fitness-Studio zum Vorbild für Ihr Aussehen. Seien Sie dankbar, wenn Sie gesund sind. Falten, Fettpölsterchen und dünne Haare haben auch andere Menschen.

Geist

Denken Sie darüber nach, wie es um Ihren geistigen Frieden steht. Tragen Sie Probleme mit sich herum, die sich nicht lösen lassen? Bei genauerem Hinschauen erweisen sich diese Probleme vielleicht als gar nicht so wichtig. Denken Sie daran, es liegen noch einige Rauhnächte vor Ihnen, in denen Sie mit sich ins Reine kommen können. Nutzen Sie diese kommenden Tage wirklich, um Ihren Geist von unangenehmen Dingen zu befreien und nehmen Sie keine ungelösten inneren Probleme mit in das kommende Jahr.

Familie

Wie steht es mit dem familiären Frieden? Hatten Sie in letzter Zeit oft Streit mit Ihrem Partner? Wenn ja, denken Sie über die Gründe nach. Lag es mehr am Partner oder an Ihnen selbst? Vielleicht können Sie sich bei partnerschaftlichen Dingen etwas mehr zurücknehmen. Oft kommt es wegen Kleinigkeiten zum Streit. Versuchen Sie, in Zukunft gelassener zu werden, wenn sich der Partner mal nicht so verhält, wie Sie es gern möchten.

Wie steht es mit den Kindern, sollten Sie welche haben? Machen sie Ihnen mehr Freude oder Ärger? Denken Sie an Ihre Kindheit zurück: Ihre Eltern waren sicherlich auch nicht immer einer Meinung mit Ihnen. Auch wenn es hin und wieder Meinungsverschiedenheiten gibt, denken Sie immer daran, Ihre Kinder lieben Sie.

Auch einem weiteren Teil Ihrer Familie werden Sie heute vermutlich begegnen. Sollte es zu kleinen Streitereien kommen, was bei Familienfesten keine Seltenheit ist, denken Sie daran, heute ist ein Tag des Friedens. Hören Sie über Sticheleien und unbedachte Bemerkungen hinweg und Sie werden diesen Tag des Friedens genießen können.

Die dritte Rauhnacht – 27. Dezember – Tag der Ahnen

Die Weihnachtsfeiertage sind vorüber, es wurde mit der Familie gefeiert und sicherlich auch über bereits verstorbene Familienmitglieder gesprochen.

Machen Sie den heutigen Tag zum Tag der Ahnen. Gedenken Sie der Lieben, die nicht mehr unter Ihnen weilen. Erinnern Sie sich an die schönen Momente, die Sie mit den Verstorbenen verbracht haben. Sicherlich haben Sie zu Lebzeiten von Ihren Verwandten so manchen guten Ratschlag für Ihr Leben bekommen. Denken Sie an diese Ratschläge und überlegen Sie, wie Sie diese weiterhin umsetzen können.

Nutzen Sie den heutigen Tag auch für einen Besuch auf dem Friedhof. Haben Sie gerade Probleme, „fragen" Sie am Grab den Verstorbenen, was er in Ihrer Situation tun würde. Vielleicht kommt Ihnen ein Gedanke, wie Sie Ihr Problem lösen können. Sitzt der Schmerz über den Verlust des Angehörigen noch tief, sprechen Sie ruhig zu ihm, sagen Sie ihm, wie sehr Sie ihn geliebt haben und vermissen. Sie werden sehen, es hilft, Ihre Trauer zu bewältigen.
Üblicherweise werden bei einem Besuch auf dem Friedhof Blumen an das Grab des Verstorbenen gelegt. In dieser winterlichen Zeit macht das meistens wenig Sinn. Aber Sie haben doch sicher Bilder Ihrer Lieben in der Wohnung. Stellen Sie doch dort einen hübschen Strauß auf.

Wenn der Tag zur Neige geht, zünden Sie zu Hause in Gedenken an die Verstorbenen eine Kerze an. Nehmen Sie das Fotoalbum zur Hand und erfreuen Sie sich an den gemeinsam erlebten Momenten. Sollten Ihr Partner/Ihre Partnerin oder Ihre Kinder einen schon länger verstorbenen Verwandten gar nicht kennengelernt haben, zeigen Sie ihnen die Bilder und berichten Sie von der schönen gemeinsamen Zeit.
Sie werden sehen, die Erinnerung wird Sie glücklich machen, auch wenn Sie die Verstorbenen vermissen.

Die vierte Rauhnacht – 28. Dezember – Tag der Rückschau

Der heutige Tag soll ein Tag der Rückschau auf das vergangene Jahr werden. Ziehen Sie ein Resümee. Was hatten Sie sich alles für das Jahr vorgenommen? Am besten, Sie nehmen Zettel und Stift und notieren sich, welche Ziele und Vorhaben Sie umgesetzt haben und welche nicht. Sind beide Seiten ausgewogen, so war es doch ein erfolgreiches Jahr und Sie können zufrieden sein. Überwiegen die umgesetzten Vorgaben, können Sie wirklich stolz auf sich sein. Sind dagegen mehr Ziele nicht verwirklicht worden, seien Sie nicht enttäuscht über sich selbst. Vielleicht haben Sie sich auch zu viel für ein einzelnes Jahr vorgenommen. Möglicherweise gab es auch

Umstände, die Sie am Verwirklichen Ihrer Pläne gehindert haben. Denken Sie daran, bald beginnt ein neues Jahr und Sie können wieder „angreifen“!

Wichtig ist auch, heute nicht nur über die Verwirklichung der eigenen Ziele nachzudenken. Sprechen Sie mit Ihrer Familie, wie es in diesem Bereich bei den anderen im vergangenen Jahr aussah. Hat der Partner die erhoffte Beförderung bekommen? Haben die Kinder im Sportverein Erfolge erzielt? Sie werden sehen, die verwirklichten Ziele und Träume Ihrer Liebsten werden auch Sie glücklich machen!

Die fünfte Rauhnacht – 29. Dezember – Tag der Selbstfürsorge

Am heutigen Tag sollten Sie sich wieder genügend Zeit nur für sich nehmen. Klinken Sie sich aus der alltäglichen Betriebsamkeit aus, suchen Sie sich einen Rückzugsort ganz für sich allein. Sollte es das Wetter erlauben, machen Sie gleich in der Frühe einen ausgedehnten Spaziergang. Die frische Luft wird Ihnen guttun und macht den Kopf frei.

Nun können Sie über sich selbst nachdenken. Tun Sie eigentlich genug für sich? Familie und Beruf lassen oft gar nicht genügend Zeit für den sorgsamen Umgang mit der eigenen Person. Oft ist man fürsorglicher anderen gegenüber, als zu sich selbst. Natürlich ist es löblich, wenn man sich um andere kümmert, doch denken Sie daran: Nur wenn es Ihnen gut geht, können Sie sich auch um andere kümmern.
Wenn Sie ausreichend über dieses Thema nachgedacht und festgestellt haben, dass Sie mehr für andere als für sich selbst tun, können Ihnen die folgenden drei Hinweise helfen, wieder mehr Selbstfürsorge in Ihr Leben zu integrieren.

Erlauben Sie sich aktiv, für sich zu sorgen.

Immer wieder hören wir, es sei wichtiger, sich erst um andere zu kümmern, bevor wir auf uns selbst achten. Das kann, das darf nicht der richtige Weg sein! Bevor wir uns nicht selbst lieben, achtsam und fürsorglich mit uns umgehen und unsere ureigenen Bedürfnisse stillen, können wir auch nichts an andere weitergeben. Lassen Sie sich nicht einreden, das Wohlergehen anderer wäre stets wichtiger als das Ihrige! Kümmern Sie sich aktiv darum, Zeit nur für Sie einzuplanen.

Stillen Sie Ihre Grundbedürfnisse.

Grundbedürfnisse wie essen oder schlafen sind die Basis für eine gesunde Selbstfürsorge. Finden Sie heraus, wie viel Schlaf Sie eigentlich brauchen und stellen Sie sicher, dass Sie diesen bekommen. Ernähren Sie sich bewusster. Lassen Sie Fertigprodukte weg und essen Sie lieber frische Lebensmittel. Trinken Sie viel Wasser, das hält den Körper jung. Verzichten Sie auf zu viel Alkohol. Aber seien Sie bitte nicht päpstlicher als der Papst! Wenn Sie gerne mal ein Glas Rotwein trinken, stehen Sie dazu und genießen Sie es, anstatt immer nur zu verzichten.

Finden Sie heraus, was Ihnen guttut.

Hören Sie in sich hinein und finden Sie heraus, was Ihnen wirklich guttut. Überlegen Sie, was Ihnen besonders leichtfällt, was Ihnen Freude bereitet und wann Sie ein besonders hohes Maß an Energie haben. Das kann eine besondere Sportart sein oder wenn Sie einfach nur ein gutes Buch lesen. Hauptsache, Sie fühlen sich wohl und sind glücklich!

Die sechste Rauhnacht – 30. Dezember – Tag der Familie

Haben Sie in den letzten Tagen die gutgemeinten Ratschläge beherzigt, werden Sie jetzt vielleicht sogar ein kleines bisschen ein „schlechtes Gewissen" haben, da Sie mehr Zeit als üblich für sich selbst beansprucht haben. Das brauchen Sie nicht, denn der heutige Tag soll ganz der Familie gehören. Fragen Sie Ihre Lieben, ob Sie zusammen einen schönen Ausflug machen wollen oder ob lieber ein Familientag mit Gesellschaftsspielen und leckerem Essen auf der Tagesordnung stehen soll. Viel mehr Tipps für den heutigen Tag soll es gar nicht geben, Sie wissen selbst am besten, was Ihren Liebsten Freude bereitet.

Die siebte Rauhnacht – 31. Dezember – Tag des Abschieds

Abschied klingt so düster und traurig, doch das ist er heute natürlich nicht. Vielmehr geht es darum, Abschied vom scheidenden Jahr zu nehmen. Egal, was es Ihnen gebracht hat, nehmen Sie würdig Abschied. Laden Sie Freunde und Verwandte ein, feiern Sie, seien Sie ausgelassen. Falls ein bisschen Zeit bleibt, sollten Sie mit lieben Menschen telefonieren, die Sie lange nicht gesehen haben.

Ist der Jahreswechsel dann gekommen, böllern Sie ruhig ein bisschen und schießen Sie einige Raketen ab. Wer weiß, vielleicht müssen ja wirklich ein paar böse Geister vertrieben werden. Spaß wird es Ihnen mit Sicherheit machen!
Auf jeden Fall sollten Sie an diesem Tag guter Dinge sein. Wie wäre es damit, das alte Jahr mit einem schönen Gedicht zu verabschieden? So lässt sich mit der vergangenen Zeit auf eine schöne Weise abschließen:

Zum neuen Jahr

Zwischen dem Alten
Zwischen dem Neuen,
Hier uns zu freuen
Schenkt uns das Glück,
Und das Vergangne
Heißt mit Vertrauen
Vorwärts zu schauen,
Schauen zurück.

Stunden der Plage,
Leider, sie scheiden
Treue von Leiden,
Liebe von Lust;
Bessere Tage
Sammeln uns wieder,
Heitere Lieder
Stärken die Brust.

Leiden und Freuden,
Jener verschwundnen,
Sind die Verbundnen
Fröhlich gedenk.
O des Geschickes
Seltsamer Windung!
Alte Verbindung,
Neues Geschenk!

Dankt es dem Regen,
Wogenden Glücke,
Dankt dem Geschicke
Männiglich Gut;
Freut euch des Wechsels
Heiterer Triebe,
Offener Liebe,
Heimlicher Glut!

Andere schauen
Deckende Falten
Über dem Alten
Traurig und scheu;
Aber uns leuchtet
Freundliche Treue;
Sehet, das Neue

Findet uns neu.
So wie im Tanze
Bald sich verschwindet,

Wieder sich findet
Liebendes Paar,
So durch des Lebens
Wirrende Beugung
Führe die Neigung
Uns in das Jahr.[22]

Die achte Rauhnacht – 1. Januar – Tag der Begrüßung

Das neue Jahr hat begonnen. Vielleicht haben Sie bei der gestrigen Feierlichkeit etwas zu viel Alkohol getrunken und haben heute früh den berüchtigten „Kater". Öffnen Sie alle Fenster, lassen Sie das neue Jahr herein. Atmen Sie tief durch, die frische Luft wird Ihnen guttun.

Viele Menschen nehmen sich für das neue Jahr gute Vorsätze vor und versuchen krampfhaft, diese nun gleich am ersten Tag umzusetzen. Tun Sie das nicht! Machen Sie lieber eine Bestandsaufnahme Ihres Lebens, wie es gerade ist und wie es sich anfühlt.
Stellen Sie sich folgende Fragen: Erfreue ich mich an all den Dingen, die ich habe? Habe ich alles, was ich brauche? Dabei geht es natürlich

Begrüßen Sie das neue Jahr mit Gelassenheit.

nicht nur um materielle Dinge, sondern auch um persönliches Glück. Wenn Sie sich selbst diese Fragen beantworten und dabei ein Gefühl der inneren Zufriedenheit verspüren, sind Sie im Reinen mit sich. Sollten Sie dieses Gefühl nicht verspüren, ist es Zeit, etwas zu ändern. Aber nicht heute!

Heute soll ein Tag der Begrüßung sein. Gehen Sie auf die Straße und wünschen Sie einfach dem ersten Menschen, dem Sie begegnen, ein gesundes neues Jahr. Sie werden sehen, wie sich die Person freuen wird. Sie können auch liebe Menschen zu einem Neujahrsbrunch einladen und gemeinsam das neue Jahr begrüßen.

Wichtig ist, dass Sie diesen Tag mit Gelassenheit genießen und sich so auf das Kommende einstimmen.

Die neunte Rauhnacht – 2. Januar – Tag der Neugier

Neugier – ein Wort, das sowohl negativ wie positiv besetzt ist. Einerseits ärgern wir uns über den neugierigen Nachbarn, der hinter der Gardine steht oder den Kollegen, der ständig alles wissen will. Auf der anderen Seite macht Neugier auch Spaß, lässt uns immer wieder Neues entdecken. Neugier sollte in erster Linie etwas Gutes, uns Voranbringendes sein.

Können Sie sich daran erinnern, wann Ihnen das letzte Mal vor Erstaunen die Kinnlade heruntergefallen ist? Wie lange ist das her? Wochen, Monate oder sogar Jahre vielleicht? Damit sind Sie nicht allein.

Die meisten Menschen leben von einem Tag zum nächsten und merken kaum, wie sehr ihr Alltag von Routine geprägt ist. Sie betrachten alles in ihrem Umfeld als selbstverständlich, hören auf, Fragen zu stellen und nach Antworten zu suchen. Erinnern Sie sich noch, wie neugierig Sie als Kind waren? Manche von uns haben ihre Eltern und ihr Umfeld ständig mit Fragen gelöchert. Das war gut so, auch wenn es unsere Eltern genervt hat. Denn nur so lernen wir, die Welt zu verstehen. Heute müssen wir uns die Frage stellen, wo unsere Neugier geblieben ist. Gerade heute brauchen wir sie umso mehr, da sich die Welt rasend schnell weiterentwickelt und wir mit so viel Neuem mithalten wollen und müssen.

Neugier treibt uns dazu, die Welt zu erforschen. Wenn wir forschen, entdecken wir Neues. Wenn uns das Spaß macht, machen wir weiter. Weiterzumachen und die Welt zu entdecken, führt wiederum zu mehr Kompetenzen. Wenn wir diese erweitern, dann wachsen unsere Fähigkeiten und unser Wissen. Und wenn unser Wissen und unsere Fähigkeiten wachsen, dann erweitern wir unser Selbst und unser Leben. Wer neugierig ist, stellt automatisch auch Fragen. Neugierige Menschen geben sich nicht schnell zufrieden, sondern wollen wissen, was, wie und warum etwas so ist, wie es ist. Und je mehr der Kopf arbeitet, desto besser wird er darin. Neugier ist die Voraussetzung für geistiges Wachstum.

Also seien Sie heute neugierig! Überlegen Sie sich, auf was Sie sich in diesem neuen Jahr freuen möchten. Schmieden Sie heute noch keine konkreten Pläne, erinnern Sie sich einfach daran, was Ihnen wichtig ist und was Sie erreichen wollen.

Die zehnte Rauhnacht – 3. Januar – Tag der Pläne

Gestern haben Sie über Ziele für das neue Jahr nachgedacht, heute ist es an der Zeit, Pläne zu schmieden. Überlegen Sie, was Sie konkret erreichen wollen. Wollen Sie sich beruflich verändern? Dann sollten Sie sich klarmachen, wohin „die Reise gehen soll". Soll es einfach nur eine andere Arbeitsstelle sein oder wollen Sie die ganze Branche wechseln? So ein Schritt hat weitreichende Folgen und sollte gut überlegt sein.

Wollen Sie vielleicht an sich ganz persönlich etwas ändern? Soll die Waage in Zukunft einige Kilos weniger anzeigen? Überlegen Sie, welche Sportart Ihnen liegt. Vielleicht sollten Sie sich auch Trainingspartner suchen oder einem Sportverein beitreten.

Beziehen Sie auch Partner und Kinder in Ihre Pläne mit ein. Möglicherweise haben diese Ideen, wie man das Familienleben spannender gestalten oder besser organisieren kann.

Auf jeden Fall sollten am Ende des Tages bei Ihnen feste Pläne für das kommende Jahr vorhanden sein. Natürlich nur, wenn Sie etwas in Ihrem Leben verändern wollen!

Die elfte Rauhnacht – 4. Januar – Tag der Strategie

Gestern haben Sie Pläne für das neue Jahr gemacht, entwerfen Sie heute Strategien für diese Pläne. Ihre Ziele kennen Sie selbst am besten, daher soll es hier lediglich einige Tipps dafür geben, wie Sie Ihre Vorhaben konkretisieren können.

Formulieren Sie Ihr Ziel so konkret wie möglich.

So machen Sie sich selbst klar, was genau Sie erreichen wollen. Das Ziel wird greifbarer und die Umsetzung ist leichter. Das heißt zum Beispiel: „Ich kaufe mein Fleisch und Gemüse nur noch im Hofladen" statt „Ich werde in Zukunft ökologischer einkaufen."

Formulieren Sie Ihr Ziel positiv

Es ist leichter, auf ein konkretes Ziel hinzuarbeiten, als eine Gewohnheit ersatzlos abzulegen. Legen Sie beispielsweise für sich fest: „Ich werde den Weg zur Arbeit, so oft es möglich ist, mit dem Fahrrad zurücklegen" statt „Ich werde nicht mehr mit dem Auto zur Arbeit fahren."

Setzen Sie sich realistische Ziele

Ein erreichtes kleines Ziel kann Sie motivieren, einen weiteren Schritt zu gehen. Ein zu großes Ziel, das Sie am Ende nicht erreichen, wird Sie eher frustrieren. Ob ein Ziel für Sie realistisch ist, können Sie selbst am besten beurteilen. Nehmen Sie sich also vor: „Einen Abend pro Woche bleibt der Fernseher aus" statt „Ich werde nicht mehr so viel fernsehen."

Die zwölfte Rauhnacht – 5. Januar – Tag des Abschieds von den Rauhnächten

Heute ist es so weit, Abschied von der magischsten Zeit des Jahres zu nehmen. Es waren hoffentlich erholsame, aber auch spannende Tage und Nächte für Sie. Vergangenes wurde überdacht und verarbeitet, Kommendes geplant und vielleicht sogar schon in Angriff genommen. Denken Sie noch einmal in Ruhe an die schöne Zeit und genießen Sie das angenehme Gefühl, das die Zeit zwischen den Jahren Ihnen vermittelt hat.

Sie haben nun ganz persönlich für sich Abschied von den Rauhnächten genommen und das neue Jahr liegt vor Ihnen. Es werden wieder zwölf ereignisreiche und sicher auch stressige Monate kommen, die Ihnen hoffentlich auch Freude bringen. Um Sie in Vorfreude auf diese Zeit zu versetzen, soll ein wunderschönes slowakisches Märchen dieses Buch beschließen:

Die Geschichte von den zwölf Monaten

Es war einmal eine Witwe, die hatte zwei Töchter. Eine davon, Holena, war ihr eigenes Kind, die andere, Maruschka, ihre Stieftochter. Ihre eigene Tochter liebte sie und verwöhnte sie über alle Maßen, doch Maruschka verabscheute sie und vermied es sie anzusehen, war sie doch viel schöner als Holena. Maruschka aber war gut und bescheiden; sie ahnte gar nicht, wie schön sie war und verstand nicht, warum die Stiefmutter ihr so zürnte.
Maruschka musste alle Arbeiten für ihre Familie tun, sie musste das Haus sauber halten, waschen, kochen, fegen, am Spinnrad sitzen, weben und das Vieh versorgen. Holena saß nur vor dem Spiegel, schmückte sich und rührte keinen Finger. Doch das machte Maruschka nichts, sie war fleißig und blieb auch still und friedlich, wenn die Stiefmutter und Holena sie schalten und mit nichts zufrieden waren.

Doch von Tag zu Tag wurde Maruschka immer schöner und Holena immer hässlicher. Und die Stiefmutter gedachte bald Maruschka loszuwerden, denn sie fürchtete, dass alle jungen Männer nur die schöne Maruschka ansehen würden und keiner ihre eigene Tochter freien würde. Von nun an versuchten sie alles, um die arme Maruschka loszuwerden. Sie ließen sie hungern, sie schlugen sie, doch alles ertrug Maruschka voller Geduld, und noch immer wurde sie schöner und schöner. Da ließen sie sich die unmenschlichsten Quälereien einfallen.

Als nun der Eismonat gekommen war, und der Schnee dick über der Welt lag, da stand Holena der Sinn nach Veilchen.

„Maruschka, geh los in den Wald und bring mir einen Strauß aus Veilchen her. Ich möchte ihn an mein Kleid stecken und den Veilchenduft riechen", befahl sie ihrer Schwester.

„Liebe Schwester", sprach da die arme Maruschka, „wie könnte ich das tun? Nie habe ich gehört, dass man im tiefsten Winter Veilchen finden könnte!"

„Du unnützes, ungehorsames Geschöpf! Du wagst es, mir zu widersprechen? Sofort läufst du in den Wald. Bringst du mir keine Veilchen nach Haus, so werd' ich dich totschlagen!", tobte Holena. Und die Stiefmutter packte die arme Maruschka und stieß sie hinaus in die Kälte. Maruschka weinte bitterlich und lief in den Wald.

Überall war die Erde mit tiefem Schnee bedeckt und keine Fußspuren waren weit und breit zu sehen. Lange Zeit irrte Maruschka im Wald umher. Der Hunger quälte sie, die Kälte kroch ihr in alle Glieder und sie flehte Gott an, sie zu sich zu holen.

Doch da sah sie weit entfernt ein Licht durch die Bäume leuchten. Sie folgte dem Leuchten und gelangte schließlich auf einen Berggipfel. Dort brannte ein Feuer, um das zwölf Steine lagen, und auf denen saßen zwölf Männer. Drei von ihnen waren alt, mit grauen Haaren und Bärten, drei waren in reiferen Jahren, drei waren jünger und stattlich, und drei waren ganz jung, und diese waren am schönsten anzusehen. Sie sprachen kein Wort, sie schauten ganz still in die Flammen des Feuers. Die zwölf Monate waren es, die da saßen. Ganz obenan saß der Eismonat, und sein Bart und sein Haar waren weiß wie Schnee und Frost. In seiner Hand hielt er einen Stab.

Erschrocken blieb Maruschka stehen und zögerte. Doch dann nahm sie all ihren Mut zusammen, trat auf die zwölf Monate zu und fragte:

„Ihr Herren, erlaubt ihr mir, mich am Feuer ein wenig zu wärmen? Die Kälte quält mich so."
Da nickte der Eismonat und fragte das Mädchen: „Warum irrst du im Wald umher, Kind? Wonach suchst du?"
„Ich suche nach Veilchen", gab Maruschka zur Antwort.
„Wenn die Erde mit Schnee bedeckt ist, ist nicht die Zeit, nach Veilchen zu suchen", sprach der Eismonat.
„Ach", sprach Maruschka, „weiß ich's nicht auch? Doch meine Schwester und meine Stiefmutter sandten mich aus, ihnen Veilchen zu finden. Und bringe ich keine, so werden sie mich totschlagen! Ich bitte euch, ihr Herren, könnt ihr mir nicht sagen, wo ich Veilchen finden kann?"
Einen Moment schwiegen die Monate. Doch dann erhob sich der Eismonat, ging um den Steinkreis herum, bis er zum allerjüngsten der Monate kam und reichte ihm den Stab. „Bruder März", sprach er, „nimm den Platz zuoberst am Feuer."
So nahm der März obenan am Feuer Platz und schwang den Stab einmal über den Flammen. Da züngelten sie höher, und der Schnee ringsumher fing zu schmelzen an, Gras spross aus dem Boden, in dem Gras blühten Blumen auf und die Bäume begannen zu knospen. So war denn im tiefsten Winter der Frühling gekommen. Und versteckt unter einem Busch begannen Veilchen zu sprießen, bald so viele, dass die Erde wie mit einer blauen Decke bedeckt war und Maruschka es kaum zu glauben vermochte.
„Rasch, Maruschka, pflücke dir die Veilchen!", sprach der März
Und Maruschka pflückte eifrig einen großen Strauß. Darauf dankte sie den Monaten voller Freude und lief glücklich nach Hause.
Wie verwundert war die Schwester, wie verwundert war die Stiefmutter, als sie Maruschka mit einem großen Veilchenstrauß nach Hause kommen sahen! Und als sie ihr die Tür öffneten, da verbreitete sich der Duft der Blumen im ganzen Hause.
„Sag, wo hast du sie gefunden?", fragte Holena mürrisch.
„Ganz oben auf dem Berg, da wuchsen gar viele unter einem Busch", sprach Maruschka. Holena griff nach den Veilchen, steckte sie an ihr Kleid und roch an ihnen. Dann ließ sie auch ihre Mutter daran riechen, aber an die Stiefschwester dachten sie nicht einmal.
Am nächsten Tag hatte sich Holena faul am Ofen niedergesetzt. Der Sinn stand ihr auf einmal nach Erdbeeren, und so rief ihre Schwester

und sprach: „Maruschka, geh los in den Wald und bring mir Erdbeeren!"
„Liebe Schwester", sprach da Maruschka, „wie könnte ich das tun? Nie habe ich gehört, dass man im tiefsten Winter Erdbeeren finden könnte!"
„Du unnützes, ungehorsames Geschöpf! Du wagst es, mir zu widersprechen? Sofort läufst du in den Wald. Bringst du mir keine Erdbeeren nach Haus, so werd' ich dich totschlagen!", tobte Holena. Und die Stiefmutter packte die arme Maruschka und stieß sie hinaus in die Kälte.
Maruschka weinte bitterlich und lief in den Wald. Überall war die Erde mit tiefem Schnee bedeckt und keine Fußspuren waren weit und breit zu sehen. Lange Zeit irrte Maruschka im Wald umher. Der Hunger quälte sie, die Kälte kroch ihr in alle Glieder.
Da sah sie weit entfernt zwischen den Bäumen wieder ein Feuer leuchten, genau wie am Tag zuvor. Glücklich lief sie hin, kam wieder an die Feuerstelle, um die auch diesmal die zwölf Monate saßen. Ganz obenan saß der Eismonat.
„Ihr Herren", bat Maruschka, „erlaubt ihr mir, mich am Feuer ein wenig zu wärmen? Die Kälte quält mich so."
Da nickte der Eismonat und fragte das Mädchen: „Warum irrst du wieder im Wald umher, Kind? Wonach suchst du?"
„Ich suche nach Erdbeeren", gab Maruschka zur Antwort.
„Wenn die Erde mit Schnee bedeckt ist, ist nicht die Zeit, nach Erdbeeren zu suchen", sprach der Eismonat.
„Ach", sprach Maruschka unglücklich, „weiß ich's nicht auch? Doch meine Schwester und meine Stiefmutter sandten mich aus, ihnen Erdbeeren zu finden. Und bringe ich keine, so werden sie mich totschlagen! Ich bitte euch, ihr Herren, könnt ihr mir nicht sagen, wo ich Erdbeeren finden kann?"
Einen Moment schwiegen die Monate. Doch dann erhob sich der Eismonat, ging um den Steinkreis herum, bis er zu dem Monat kam, der ihm gegenüber saß und reichte ihm den Stab. „Bruder Juni", sprach er, „nimm den Platz zuoberst am Feuer."
So nahm der schöne Juni obenan am Feuer Platz und schwang den Stab einmal über den Flammen. Da züngelten sie höher, und der Schnee ringsumher fing zu schmelzen an. Gras spross aus der Erde, an den Bäumen entfalteten sich grüne Blätter, in ihren Zweigen ließen

sich die Vöglein nieder und sangen ihr Lied, bunte Blumen bedeckten den Boden. So war denn im tiefsten Winter der Sommer gekommen. Und unter den Blumen waren welche, die blitzten aus dem Gras wie weiße funkelnde Sterne. Und während Maruschka noch zusah, da wandelten sich die Sterne zu kleinen grünen Erdbeeren, die reifer und immer reifer wurden, bis ihr Rot prächtig aus dem Grün des Grases leuchtete.
„Rasch, Maruschka, pflücke dir die Erdbeeren!“, sprach der Juni.
Und Maruschka pflückte eifrig, bis ihre ganze Schürze voll war. Darauf dankte sie den Monaten voller Freude und lief glücklich nach Hause.
Wie verwundert war die Schwester, wie verwundert war die Stiefmutter, als sie Maruschka mit einer ganzen Schürze voller Erdbeeren nach Hause kommen sahen! Und als sie ihr die Tür öffneten, da verbreitete sich der Duft der frischen Erdbeeren im ganzen Hause.
„Sag, wo hast du sie gefunden?“, fragte Holena mürrisch.
„Ganz oben auf dem Berg, da wuchsen gar viele unter den hohen Buchen“, sprach Maruschka. Holena griff nach den Erdbeeren und aß eine nach der anderen. Dann ließ sie auch ihre Mutter davon essen, aber an die Stiefschwester dachten sie nicht einmal.

Die Erdbeeren hatten Holena sehr geschmeckt. So kam es, dass ihr auch am nächsten Tag der Sinn nach Naschen stand. Dieses Mal sehnte sie sich nach Äpfeln.
„Maruschka, geh los in den Wald und bring mir Äpfel“, befahl sie ihrer Schwester.
„Liebe Schwester“, sprach da die arme Maruschka, „wie könnte ich im tiefsten Winter Äpfel finden?“
„Du unnützes, ungehorsames Geschöpf! Du wagst es, mir zu widersprechen? Sofort läufst du in den Wald. Bringst du mir keine Äpfel nach Haus, so werd‘ ich dich totschlagen!“, tobte Holena. Und die Stiefmutter packte die arme Maruschka und stieß sie hinaus in die Kälte. Maruschka weinte bitterlich und lief in den Wald. Überall war die Erde mit tiefem Schnee bedeckt und keine Fußspuren waren weit und breit zu sehen.
Doch diesmal irrte Maruschka nicht durch den Wald, sofort machte sie sich auf den Weg zu dem Berg, auf dem die zwölf Monate uns Feuer gesessen hatten. Und auch diesmal saßen sie dort, und ganz obenan saß der Eismonat.

„Ihr Herren", bat Maruschka und ging auf die zwölf Monate zu, „erlaubt ihr mir, mich am Feuer ein wenig zu wärmen? Die Kälte quält mich so."
Da nickte der Eismonat und fragte das Mädchen: „Warum irrst du schon wieder im Wald umher, Kind? Wonach suchst du?"
„Ich suche nach Äpfeln", gab Maruschka zur Antwort.
„Wenn die Erde mit Schnee bedeckt ist, ist nicht die Zeit, nach Äpfeln zu suchen", sprach der Eismonat.
„Ach", sprach Maruschka unglücklich, „weiß ich's nicht auch? Doch meine Schwester und meine Stiefmutter sandten mich aus, ihnen Äpfel zu finden. Und bringe ich keine, so werden sie mich totschlagen! Ich bitte euch, ihr Herren, könnt ihr mir nicht sagen, wo ich Äpfel finden kann?"
Einen Moment schwiegen die Monate. Doch dann erhob sich der Eismonat, ging um den Steinkreis herum, bis er zu einem der Monate im reifen Alter kam und reichte ihm den Stab. „Bruder September", sprach er, „nimm den Platz zuoberst am Feuer."
So nahm der September obenan am Feuer Platz und schwang den Stab einmal über den Flammen. Da leuchtete die Glut rot auf, und der Schnee ringsumher fing zu schmelzen an. Doch dieses Mal spross kein Gras, und die Blätter fielen von den Bäumen herab. Ein kalter Wind blies und trieb die roten Blätter vor sich her. Nur einige Blumen wuchsen aus der Erde. So sah Maruschka am Berghang Altmannskraut stehen, einige Nelken erblühten und es sprossen Farne und Immergrün. Maruschka suchte nach Äpfeln und tatsächlich fand sie bald einen Apfelbaum, an dem hingen reife Äpfel.
„Rasch, Maruschka, pflücke dir die Äpfel!", sprach der September.
Und Maruschka lief eifrig zu dem Apfelbaum und rüttelte und schüttelte ihn, bis ein Apfel herunterfiel. Noch einmal rüttelte und schüttelte sie den Baum, und ein weiterer Apfel fiel herunter.
„Rasch, Maruschka, lauf nach Hause!", sprach der September. Darauf hob Maruschka die beiden Äpfel auf, dankte den Monaten voller Freude und lief glücklich nach Hause.
Wie verwundert war die Schwester, wie verwundert war die Stiefmutter, als sie Maruschka mit Äpfeln nach Hause kommen sahen! Und als sie ihr die Tür öffneten, gab Maruschka ihnen die beiden Äpfel.
„Sag, wo hast du sie gepflückt?", fragte Holena.

„Ganz oben auf dem Berg, da wuchsen sie am Baum, und noch sind mehr als genug da", sprach Maruschka.
„Warum hast du mir dann nicht mehr Äpfel als zwei mitgebracht? Hast du sie etwa selbst gegessen?", herrschte Holena sie an.
„Aber nein, liebe Schwester, keinen einzigen habe ich gegessen. Ich rüttelte und schüttelte den Baum einmal, da fiel ein Apfel herunter; dann rüttelte und schüttelte ich ein zweites Mal, und es fiel noch einer herunter. Sie erlaubten mir nicht, noch einmal zu schütteln, sondern befahlen mir eilig nach Hause zu gehen", sprach Maruschka.
„Ein Blitz soll dich treffen, du unnützes Ding!", tobte Holena und holte schon aus, um die Schwester zu schlagen. Maruschka floh weinend in die Küche und flehte Gott an, sie zu sich zu holen, bevor die Stiefschwester sie erschlug.
Holena verfolgte sie nicht, zu groß war ihre Naschsucht, und sie nahm den ersten Bissen aus einem der Äpfel. So süß schmeckte er, dass sie meinte, nie etwas so Gutes gegessen zu haben, solange sie lebte. Und auch die Stiefmutter aß mit Genuss. Als sie beide Äpfel aufgegessen hatten, verlangte es sie nach mehr.
„Mutter", sprach da Holena, „gib mir meinen Pelzmantel. Nun gehe ich selbst in den Wald und hole uns Äpfel, sonst würde das unselige Ding sie nur wieder alle selbst aufessen. Alle Äpfel werde ich uns vom Baum schütteln, und keiner soll es mir verbieten!"
Die Mutter fürchtete um ihre Tochter, doch Holena ließ sich nicht aufhalten. Sie zog ihren dicken Pelzmantel an, band sich einen Schal um den Kopf und lief in den Wald. Lange sah die Mutter ihr in Sorge nach.

Überall war die Erde mit tiefem Schnee bedeckt und keine Fußspuren waren weit und breit zu sehen. Lange Zeit irrte Holena im Wald umher, doch ihre Naschsucht ließ sie immer weiterlaufen. Doch da sah sie weit entfernt ein Licht durch die Bäume leuchten. Sie folgte dem Leuchten und gelangte schließlich auf den Berggipfel. Dort brannte das Feuer, um das die zwölf Steine lagen, und auf denen saßen die zwölf Monate. Holena erschrak, doch sie gewann schnell die Fassung zurück. Kühn trat sie an das Feuer heran und wärmte sich die Hände, fragte aber die Monate mit keinem Wort um Erlaubnis und würdigte sie keines Blickes.
Ganz obenan saß der Eismonat. „Was tust du hier? Warum kamst du hierher?", fragte er mürrisch.

„Was geht es dich an, du alter Narr?", herrschte Holena ihn an und wollte wieder in den Wald gehen.
Da verfinsterte sich die Miene des Eismonats und er schwang seinen Stab über seinem Kopf. Und düstere Wolken ballten sich am Himmel zusammen, das Feuer erlosch beinahe im eisigen Wind, und Schnee trieb in dichten Flocken herab.
Keine Hand sah Holena mehr vor den Augen, sie irrte blind vor Schnee im Wald umher, bis sie in eine Schneewehe stürzte. Kein Glied konnte sie mehr regen und sie blieb erstarrt liegen. Und immer noch weiter fiel der Schnee und der Wind pfiff eisig durch den Wald. Holena fluchte auf Schwester und Gott, und immer kälter wurden ihre Glieder trotz ihres dicken Pelzmantels.

Derweil wartete die Mutter auf Holena; unruhig sah sie wieder und wieder bald zum Fenster hinaus, bald zur Tür, doch die Zeit verstrich und Holena kehrte nicht zurück.
„Mag sein, dass ihr die Äpfel so sehr geschmeckt haben, dass sie nicht mehr von dort fort will", dachte die Mutter bei sich. „So will ich denn gehen und sehen, wie es um sie steht." Auch sie zog ihren Pelzmantel an und band sich einen Schal um den Kopf. So machte sie sich auf, ihre Tochter zu finden.
Überall war die Erde mit tiefem Schnee bedeckt und keine Fußspuren waren weit und breit zu sehen. Die Mutter rief nach Holena, wieder und wieder, doch niemand antwortete ihr. Lange Zeit irrte die Mutter im Wald umher. Und das Schneetreiben wurde immer dichter, und der eisige Wind wehte immer stärker.

Derweil bereitete Maruschka das Essen vor und versorgte das Vieh. Aber niemand kam, nicht Holena und nicht die Stiefmutter.
„Wo mögen sie bleiben!", fragte Maruschka sich bange und begann am Spinnrad zu arbeiten. Bald war eine Spindel voll, die Dunkelheit kam, und noch immer kam niemand, nicht Holena und nicht die Stiefmutter.
„Was mag ihnen geschehen sein, guter Gott?", weinte die gute Maruschka und blickte voller Angst aus dem Fenster. Das Schneetreiben war vorüber, die Wolken waren fort, so dass die Sterne am Himmel funkelten, und der weiße Schnee auf der Erde glitzerte in ihrem Licht. Aber keine Menschenseele war zu sehen. Voll Kummer

schloss Maruschka das Fenster und betete für Stiefmutter und Schwester.

Am nächsten Tag wartete sie beim Frühstück auf die beiden, und sie wartete zum Mittagsmahl. Doch weder die Stiefmutter noch Holena kehrten zurück. Beide waren erfroren, tief im Wald. So gehörten nun der guten Maruschka das Haus, die Kuh und das kleine Feld. Bald fand sich auch ein freundlicher Bursche, den Maruschka zum Ehemann nahm, und die beiden lebten zufrieden und glücklich bis ans Ende ihrer Tage.[23]

Die Stiefmutter und Holena erfroren in der Folge ihrer Naschsucht tief im Wald.

Literatur- und Quellenverzeichnis

Verlag und Jahr beziehen sich auf die jeweils vom Autor verwendete Ausgabe; so weit bekannt, steht das Erscheinungsjahr der Originalausgabe in Klammern.

Bemmann, Klaus
Die Religion der Germanen. Phaidon Verlag/1998

Blunck, Hans Friedrich
Wundermärchen. Verlagshaus Christian Wolff/ 1953

Courtenay, Elfi
Rauhnächte – Die geheimnisvolle Zeit zwischen den Jahren. Wilhelm Heyne Verlag/2020 (2013)

Döbler, Hansferdinand
Die Germanen. Orbis Verlag/2000 (1975)

Fränkische Nachrichten, 1927

Fehrle, Eugen
Sagen aus Deutschland. Carl Ueberreuther, 1955

Früh, Sigrid
Rauhnächte – Märchen, Brauchtum, Aberglaube. Verlag Stendel 1998

Glosíková, Viera und Jičínská, Veronika
Anthologie der deutschen Dichtung. Praha Univ. Karlova/2007

Grimm, Jacob
Deutsche Mythologie. Fourier Verlag/2003 (1835)

Johann Wolfgang von Goethe
Gesammelte Verse und Gedichte. Lechner Verlag/1993

Griebert-Schröder, Vera und Muri, Franziska
Vom Zauber der Rauhnächte.
Irisiana Verlag/2012

Heine, Alexander (Hrsg.)
Caesar-Tacitus Berichte über Germanen und Germanien.
Phaidon Verlag/1986

Jordan, Wilhelm
Edda. Die heiligen Lieder der Ahnen. Arun/2001

Laistner, Ludwig
Nebelsagen. Stuttgart, Vlg. W. Spemann/1879

Krassnitzer, Harald
Rauhnächte – Wunderbares für eine besondere Zeit.
Residenz Verlag/2020

Monk, Eugen
Germanische Religionsgeschichte und Mythologie.
Verlag Walter Gruyter & Co./1933

Morgenstern, Christian
Chistian Morgenstern. Gedichte – Verse – Sprüche.
Lechner Verlag/1993

Němcová, Božena
Die Zwölf Monate. Nacherzählt,
http://www.zeno.org/nid/20007914148 abgerufen 08.08.21

Schlender, J. H.
Germanische Mythologie. Alexander Köhler Dresden/ 1925

Stallkamp, Anne und Hartung, Werner
Rauhnächte – Zeit für mich. Neues Erde/ 2019 (2014)

Straub, August
Von goldenen Schlüsseln und blühenden Bechern.
Deutsche Blumensagen. Münchener Buchverl./1941

Zingerle, Ignaz Vinzenz
Sagen aus Tirol. Verlag der Wagnerschen Buchhandlung,
Innsbruck 1859

Endnoten

1 Erzählt nach Hans Friedrich Blunck: „Wundermärchen“

2 Christian Morgenstern (1871-1914): „Gedichte - Verse - Sprüche“

3 Erzählt nach: Fränkische Nachrichten, 1927

4 Erzählt nach Ludwig Laistner, „Nebelsagen“

5 Erzählt nach einem Volksmärchen aus Litauen

6 Entnommen: Hrsg. Alexander Heine „Caesar-Tacitus Berichte über Germanen und Germanien“

7 Entnommen: Hrsg. Alexander Heine „Caesar-Tacitus Berichte über Germanen und Germanien“

8 Entnommen: Hrsg Alexander Heine „Caesar-Tacitus Berichte über Germanen und Germanien“

9 Entnommen: Viera Glosíková, Veronika Jičínská: „Anthologie der deutschen Dichtung“

10 Entnommen: Jacob Grimm „Deutsche Mythologie“

11 Vergleiche Klaus Bemmann: „Die Religion der Germanen“

12 Vergleiche Wilhelm Jordan: „Edda. Die heiligen Lieder der Ahnen“

13 Vergleiche Wilhelm Jordan: „Edda. Die heiligen Lieder der Ahnen“

14 Vergleiche Klaus Bemmann: „Die Religion der Germanen“

15 Vergleiche Wilhelm Jordan: „Edda. Die heiligen Lieder der Ahnen“, Völu-Spa, Verse 30 bis 33

16 Erzählt nach: https://nordische-mythen.wikia.org/de/wiki/Frigg

17 Zitiert nach: Sigrid Früh „Rauhnächte - Märchen, Brauchtum, Aberglaube“

18 Erzählt nach August Straub: „Von goldenen Schlüsseln und blühenden Bechern. Deutsche Blumensagen“

19 Erzählt nach Ignaz Vinzenz Zingerle: „Sagen aus Tirol“

20 Erzählt nach: Eugen Fehrle: „Sagen aus Deutschland“

21 Zitiert nach: Harald Krassnitzer „Rauhnächte“

22 Johann Wolfgang von Goethe (1749-1832): „Gesammelte Verse und Gedichte“

23 Erzählt nach: Božena Němcová (1820-1862), http://www.zeno.org/nid/20007914148

Mike Vogler, Mirko Kühn

Auf der Jagd nach dem Bernsteinzimmer – Das Geheimnis im Leinawald

Softcover, 144 Seiten,
Format: 15 x 21 cm
ISBN: 978-3-96058-255-7
14,99 €

Das Bernsteinzimmer – Wunderwerk handwerklicher Kunst und Synonym für die nationalsozialistische Plünderung der europäischen Kunsthäuser im Zweiten Weltkrieg – gilt bis heute als verschollen.
Die Autoren Mike Vogler und Mirko Kühn verfolgen seit Jahren eine vielversprechende Spur des Bernsteinzimmers nach Thüringen, die an einer geheimen Bunkeranlage im Raum Altenburg endet. Im hier vorliegenden Buch berichten sie neben der bis heute von offizieller Seite verschwiegenen Bunkeranlage über die Nazi-Beutekunst, das Bernsteinzimmer und dessen Verschwinden sowie die Suche nach 1945.

Mike Vogler

Dämonen, Spuk und Exorzismus – Ein Streifzug durch die Welt des Unheimlichen

Softcover, 240 Seiten,
Format: 15 x 21 cm
ISBN: 978-3-96058-388-2
14,99 €

Spukhäuser, teuflische Dämonen und umherirrende Geister – all das scheint der Welt der Horrorfilme zu entstammen oder in unsere düstersten Alpträume zu gehören. Und doch – es gibt sie alle wirklich!
Auf seinem Streifzug durch die Welt des Unheimlichen nimmt Autor Mike Vogler den Leser mit zu gespenstischen Orten, berichtet über paranormale Ereignisse und ist den Ursachen für dämonische Besessenheit auf der Spur.

Mike Vogler

Mysterium Jonastal – Auf der Suche nach dem Geheimprojekt „Olga“

Softcover, 144 Seiten,
Format: 15 x 21 cm
ISBN: 978-3-96058-331-8
14,99 €

Das Jonastal in Thüringen – ein Relikt des Dritten Reiches, um das sich bis heute ungelöste Geheimnisse ranken. Zwischen November 1944 und April 1945 mussten zehntausende KZ-Häftlinge unter unvorstellbaren Bedingungen ein gigantisches Stollensystem in den Berg treiben. Unzählige Menschen kamen dabei ums Leben, starben an Erschöpfung, Krankheiten, Hunger und der Willkür der SS-Wachmannschaften.
Beteiligte sprechen von weiteren unterirdischen Anlagen, die zur selben Zeit in der näheren Umgebung des Jonastals gebaut wurden. Welchem Zweck sollte dieses letzte großangelegte Bauvorhaben der Nationalsozialisten dienen? Ein neues Führerhauptquartier, geheime Rüstungsproduktion von neuartigen „Vergeltungswaffen“ oder gar letzte Bastion des untergehenden Dritten Reiches?
Autor Mike Vogler hat Dokumente und Zeugenaussagen ausgewertet und deckt eines der größten Rätsel des Zweiten Weltkrieges auf.

Weitere Highlights aus dem Brandenburgischen Verlagshaus: